U0524055

"十四五"
国家重点图书
出版规划项目

瞿秋白

江南第一燕

姚杜纯子 陶纯 ———— 著

中国青年出版社

人民英雄 国家记忆文库

指导单位

共青团中央

发起单位

国防大学军事文化学院

中国青年出版总社有限公司

学术支持单位

中国作家协会军事文学委员会

中国当代文学研究会军事文学委员会

总策划

张启超　董　斌　皮　钧　陈章乐

策　划

侯健飞　陈章乐

主　编

陈章乐　侯健飞

统　筹

侯群雄

瞿秋白（1899年—1935年）

总　序

◆徐怀中

  我们这一代人成长在战争年代，那时山河破碎，民不聊生，是党在抗日根据地设立了免费高小，我才有机会去上学，后来考上边区政府开办的太行第二中学，算是有了点文化。毕业后，是党带领我走上革命道路，我跟随刘邓大军挺进大别山，开始了军旅生涯，后来长期从事写作、文化工作，再也没有离开过部队。

  回首往事，许多的人和事历历在目。中国共产党的奋斗路、奋进路来之不易，中华民族的独立自由解放来之不易，新中国的成立、建设、发展来之不易，改革开放以来取得的成就来之不易，今天的幸福生活来之不易，无数的仁人志士、先贤先烈、英雄楷模为之奋斗、奉献，甚至牺牲，他们永远值得我们去纪念、缅怀、学习。

  2019年底，国防大学军事文化学院、中国青年出版总社联合发起大型图书创作出版工程"人民英雄——国家记忆文库"，致敬先烈，献礼党的百年华诞，我得知后感到很欣慰。是的，我们走得再远、走到再光辉的未来，也不能忘记走过的过去，不能忘记为什么出发。

今年恰逢中国共产党成立100周年，习近平同志在党史学习教育动员大会上强调，要教育引导全党大力发扬红色传统、传承红色基因，赓续共产党人精神血脉，始终保持革命者的大无畏奋斗精神，鼓起迈进新征程、奋进新时代的精气神。"人民英雄——国家记忆文库"的创作出版正当其时，为培养新时代合格社会主义建设者和接班人培根铸魂，为担当复兴大任的青年一代筑牢信仰之基，补足精神之钙。

讲好英雄故事，弘扬英雄精神，重点在"讲"，难点在"讲好"，关键是"弘扬"。大规模组织作家书写英雄、讴歌英雄，这是在新的时代背景下的一次有益的探索，也是文化工作者的优良传统。参与此次创作的有不少是军内外知名作家，他们怀着对革命英烈的一份最真挚的感情，克服新冠肺炎疫情带来的困难，不辞辛劳，深入革命纪念馆、烈士陵园采访调查，多方搜集素材，反复打磨，精心创作。经过各方面的努力，文库第一辑将陆续出版。第一辑有我党早期领袖李大钊、瞿秋白等，有革命战争年代的著名英烈方志敏、杨靖宇、赵一曼、张思德等，有青年英雄刘胡兰、雷锋等，还有新时期的英模焦裕禄、谷文昌等，毫无疑问，他们都是中国共产党最优秀的党员，是中华民族最优秀的儿女。他们永远值得大书特书！

作为一个年过九旬的老党员、老战士、老作家，我对英烈们的事迹都很熟悉，但阅读了作品后，依然心潮澎湃，感动不已。这些作品思想性、文学性、故事性、可读性强，既写出了英烈的光辉故事，也写出了英烈精神的传承故事，独具匠心；同时，很多作品充分利用纪念设施和相关文物，在物中见人见事见精神，在人、事、精神中见物，相得益彰，历史感、现场感强，让英雄人物和他们的精神品格在文学叙述中活了起来。

在中国共产党百年华诞的光辉历史时刻，国防大学军事文化学院组织创作了这套文库，用文学的方式回溯党史、军史，十分可贵，这是对我们伟大的党的最好礼赞，是为中国革命史做出的巨大贡献。中国青年出版社是红色出版的主阵地，《红旗飘飘》《红岩》《红日》《红旗谱》《创业史》等早已载入新中国文学史、出版史，影响了一代又一代人。我青年时期创作的长篇小说《我们播种爱情》最初就是由他们出版的。这一次军地联合行动，成果丰硕。我相信，随着第一辑的创作、出版，后续第二辑、第三辑的创作、出版会更有经验和信心，更多先烈的英雄事迹将栩栩如生地呈现在读者面前。

英雄永生的地方，就是我们的来处，就是我们的历史，就是我们的文化，就是我们的根，也是我们这个党、这个国家、这个民族自信的源泉。为英雄立传，为民族立心，为社会铸魂，功在千秋，善莫大焉。在此，对"人民英雄——国家记忆文库"的创作、出版致以敬意和祝贺。

是为序。

2021年6月18日

目录
Contents

引　言 ... 001

第一章　时代决定命运 ... 008

第二章　为大家辟一条光明的路 ... 023

第三章　爱与痛 ... 040

第四章　生命的伴侣 ... 060

第五章　书生领袖 ... 077

第六章　深陷逆境 ... 099

第七章　人生得一知己足矣 ... 126

第八章　英雄绝唱 ... 149

第九章　为了不能忘却的纪念 ... 170

主要参考书目 ... 199

引言

1949年10月1日，毛泽东主席在天安门城楼上庄严宣告：中华人民共和国中央人民政府今天成立了！无论当时还是后来，很少有人知道，那个伟大的历史时刻，通过中央人民广播电台用俄语向世界播送毛泽东讲话的新华社女播音员名叫瞿独伊——她是中国共产党早期革命领袖瞿秋白的女儿，那一年，她28岁。而她成为毛泽东在天安门城楼上讲话的俄语播音员，则是由周恩来点名安排的。

虽然瞿独伊仅仅是瞿秋白的养女，但她与父亲瞿秋白的感情深厚，她一直称之为"好爸爸"。那一天，她心潮澎湃，脑海里数次出现好爸爸的身影——她最亲爱的爸爸瞿秋白已经于14年前永远离开了这个他终生为之奋斗的世界，他没能看到中华大地阳光普照的这一天……

此刻，在离天安门广场一箭之地的南长街8号，一幢两层小楼二层东北角的房间里，杨之华正通过收音机收听天安门广场开国大典的实况。此时，她更是心潮起伏，热泪盈眶，眼前不断闪现着亲爱的丈夫瞿秋白清癯而坚毅的面容……

瞿秋白最后一次从杨之华眼前"消失"，已经是接近16

年前的往事——那是在黑云压城的旧上海,他接到临时中央的来电,要他去中央苏区首府瑞金。临走的前一夜,在他们的秘密住所,他的心境被离愁别绪笼罩,夜不能寐。杨之华后来回忆道——

……当我醒来的时候,总看见他还在整理着什么,或者轻轻地踱着步,或者坐着抽烟沉思。快要天亮的时候,他看见我醒了,就悄悄地走过来,拿着我给他买的十本黑漆布面的本子(这是他最爱用的),把它们分成两半,对我说:"这五本是你的,这五本是我的。我们离开以后不能通信,就把要说的话写在上面,重见时交换着看。"他又指着桌上的一叠书说:"这是你要读的书,我给你整理好了。我还给你定了个半年的读书计划。"

他很有些伤感,又道:"不知道我们什么时候才相见呀……"

我连忙安慰道:"不要紧的,过去我们离开过六次,不是都重见了吗?这次当然也会一样的!"

离别的时刻终于到来了。1934年1月11日夜里11点钟,瞿秋白穿上单薄的寒衣,提上简单的行李,杨之华突然想起什么,从桌上拿起一只小酒杯,塞到他的行李内,深情地说:"你平时身体不好,酒也喝少了。这只酒杯带上,到了苏区,工作劳累了,少喝点酒,解解乏。我不能陪你去,看到这只酒杯,就像看到了我吧。"

之后，她恋恋不舍送他到弄堂口，他停下脚步，站在昏黄的路灯影里，凝视着她，讷讷道："之华，我走了……"没容她说出什么，他羸弱的背影就消失在黑暗处。她的热泪禁不住夺眶而出……

而在当时，她无论如何都不会想到，那是他们最后的诀别！她心爱的丈夫再也回不来了！分别大约一年半之后，他在福建长汀城外的罗汉岭下被敌人枪杀，至今仍埋尸荒野。他走后的这十几年，他的战友们从失败的泥淖血污中一次次爬出来，不断地壮大成长，最终一路高歌猛进，打破一个旧世界，建立起一个新国家，实现了他的夙愿。

此刻，瞿秋白可以含笑九泉了……

1955年，根据中央指示，瞿秋白烈士遗骨从福建长汀迁到北京。中央决定迁葬瞿秋白同志，这是神圣的荣誉，可以视作瞿秋白是无数烈士中的一个光辉代表。

1955年6月18日，瞿秋白就义20周年之际，中共中央在北京八宝山革命烈士公墓隆重举行遗骨安葬仪式，周恩来亲笔题写了"瞿秋白同志之墓"碑铭，并亲自主持仪式，扶棺下葬，董必武、彭真、周建人、叶圣陶、许广平、杨之华等人出席，中央宣传部部长陆定一作了《瞿秋白同志生平》的报告，报告称："瞿秋白同志是中国共产党卓越的政治活动家和宣传家。"

然而对瞿秋白而言，盖棺并未定论。此后若干年，他和他的《多余的话》长期招致非议，在历史与政治的漩涡里沉浮，他本人也因此成为党史上颇有争议的人物。好在历史是公平的，终究给了他一个客观公正的评价。他的精神，他的

★ 1955年6月18日，瞿秋白遗骨安葬仪式在北京八宝山举行。周恩来等扶送瞿秋白遗骨放入墓穴

灵魂，他的魅力，虽然一时蒙尘，其璀璨光华直到今天仍然闪耀着动人的光彩……

如果不是因为参与"人民英雄——国家记忆文库"的写作，笔者父女二人很难结伴到江苏常州一游。当年，在大革命的洪流中，常州涌现出三个杰出的人物——瞿秋白、张太雷、恽代英，人称"常州三杰"，这其中，瞿秋白最为著名。2020年9月9日那天上午，我们乘高铁从北京赶赴常州，由于疫情原因，火车上人并不多，我们抓紧时间翻阅有关瞿秋白的相关材料，中午到达常州，胡乱吃了点东西，就有点迫不及待地一头钻进城中心的瞿秋白纪念馆。纪念馆由瞿氏宗祠演变而来，和瞿秋白故居连为一体，规模并不大，"瞿秋白同志纪念馆"八个大字，为邓小平亲笔题写，可见他对瞿秋白的重视。当年瞿秋白主持召开我党历史上十分重要的八七会议，邓小平就是参加这次会议的成员之一。

一连两天，我们在纪念馆徘徊、徜徉，可能是因为疫情，来参观的人很少，这正好为我们采访、记录、思索提供了便利条件。在寂静与空旷中，我们仿佛谛听到了历史的回响，瞿秋白的形象逐渐地清晰起来。第二天闭馆后，我们踱出门，来到纪念馆门前的觅渡桥上，蒙蒙细雨下个不停，城市在雨丝中变得朦胧。脚下的觅渡桥是座很小的桥，两三步就能跨过去，而这座桥下，曾经有一条小小的河，名叫觅渡河。104年前，后来自喻为"江南一燕"的少年瞿秋白，就是从觅渡桥展翅而飞的，他飞出瓜洲渡，飞向大运河的终点北京，再展翅飞向赤色苏俄投身革命，"为大家辟一条光明的路"。"飞蛾投火，非死不止"——这是他赠给女作家丁玲的话，似乎更像是说他自己。他三十六年的短暂人生书写过波澜壮阔的时代画卷，至最后才未尽、功未成，长汀罗汉岭下饮弹遗恨，成为一个历史悲剧人物，留下似乎永远谈不完的话题……

那个傍晚，于霏霏细雨中，我们父女二人站在觅渡桥上，有这样一段对话——

父：以前你听说过瞿秋白吗？

女：有一点点印象，只知道他是一个先烈，但形象很模糊。

父：读了那么多资料，又看了纪念馆，有什么感受吗？

女：心情很复杂。在我心里，他的形象就像他临终前的照片一样，那眼神里没有恐惧，没有哀怨，也没有愤怒……他那么平静，只有完全把一切一切都看淡的人，才做得到，对吧？

父：是的，人世间只有顶天立地的大英雄才有这样的气度。而这样的大英雄自然是寥寥无几的。他这样的人可能已经超越了政治范畴，超越了时空，算得上我们中华民族五千年岁月中最优秀的儿女之一，这种形象应该穿透人类的历史，照耀今天，并且光耀未来。

女：可惜很多像我这样的年轻人已经不了解他了。

父：你觉得年轻人有必要了解他、记住他吗？

女：嗯嗯，当然了。

父：那就好。

所以，要讲瞿秋白，就从我们面前的瞿氏宗祠讲起吧——

第一章 时代决定命运

寻常人家,有谁会阖家搬进祖宗祠堂呢?里面不仅有祖先的牌位,甚至还停放着几具借厝于此、未及埋葬的族人灵柩,终日阴森可怕,其状不难想象。

显然,只有最穷困潦倒、彻底走投无路的人家才会这么做。

瞿秋白出生于1899年1月29日。他在常州生活了18年,其中全家就有5年多的时间住在这座阴森恐怖的瞿氏宗祠里。

他是家中长子,出生时父母亲发现他头顶上有两个旋儿,便给他取了个乳名叫"阿双",上小学时学名便叫"瞿双",到了后来又先后改叫"瞿爽""瞿霜",自己还另取了个号——秋白。瞿秋白的名字就是这么演变而来。

瞿家原本是一个书香门第、官宦世家,在当地是个赫赫有名的大家族,祖上风光了上百年。瞿秋白出生的时候,正赶上中国近代史上最黑暗的年代,瞿秋白一家也日渐没落下

★ 少年瞿秋白和父亲瞿世玮合影

来，家中的田地、房屋早在他出生之前就已经完全卖尽，此时维系瞿家封建大家族地位的并不是瞿秋白的亲祖父瞿廷仪，更不是他的父亲瞿世玮。祖父在官场上一直郁郁不得志而且早逝，父亲则一事无成。瞿家依靠的是祖父的弟弟、瞿秋白的叔祖父瞿廷韶。叔祖父瞿廷韶长期在湖北为官，与张之洞关系非同一般，官至湖北布政使，相当于副省长。瞿秋白的出生地青果巷八桂堂便是叔祖父名下的一栋豪华住宅，因其全家在武汉而把大房子让给瞿秋白家居住，并且还不断在经济上资助瞿秋白一家。就是傍着叔祖父这棵大树，瞿秋白父亲瞿世玮虽然是个破落户子弟，也能勉强过着"士的阶层"的生活，乐得安逸，淡于进取；瞿秋白因之也"过了好几年十足的少爷生活"。

这种经济上完全依赖别人的好日子是不会长久的。果然，1903年，瞿秋白4岁那年，叔祖父瞿廷韶在任上突然病故。族中这棵大树的倒下像被推倒的多米诺骨牌，直接影响到瞿秋白一家的生活。叔祖父家人扶灵柩回常州安葬，并且回来定居，于是，瞿秋白一家被"劝"出八桂堂。当然，经济上的资助以后也不会再有了。

搬离八桂堂是瞿秋白一家坠入深渊的第一步。全家搬到西门附近、父亲的外祖母家，一栋名为"星聚堂"的老房子，但是要交租金，每月7块大洋。由于瞿秋白的祖母跟着他们一块生活，他的大伯父——在江浙一带历任知县、知事的大伯父瞿世琥以赡养母亲的名义，按月寄来50块大洋。家在江阴贤庄的大姑妈家有田产，生活比较殷实，也不时地接济他们。这两项收入在很长一段时间里成了瞿秋白全家的主要生活来源。

1904年，瞿秋白5岁，入私塾发蒙，正式开始读书生涯。开馆第一天，先生给他写了八个字的评语：聪明伶俐，青云直上。而在此之前，他的母亲已经教他识了不少字，还教他背诵古典诗词，给他讲勾践卧薪尝胆、木兰从军、岳母刺字等历史典故。他是个早慧的孩子。

1905年，瞿秋白6岁，入冠英小学堂读书（后改为觅渡桥小学），开始接受新式教育。他读书用功，成绩优秀，乐于助人，是个优秀的孩子，老师和同学们都很喜欢他。

1909年，瞿秋白10岁，考入常州府中学堂预科（后改为江苏省立第五中学）。这是一所远近闻名的学府。此时正是辛亥革命的前夜，学校教员中有不少思想活跃、倾向进步的革命人士。瞿秋白在这里一边读书一边思考，他不仅接受了传统文化教育，而且也接受了新式的自然科学和社会革命等教育。当时学校弥漫着革命的情绪，剪辫子、反抗学校顽固分子的事时有发生，瞿秋白还因为积极参加这类活动被校方记过处分。这说明他早就有了革命反抗意识。他在中学堂受到的熏陶对于他世界观的形成，乃至对于他未来的人生道路，都产生了十分重要的影响。

1911年，江阴贤庄的大姑妈病故，对瞿秋白一家的接济就此中断。仅仅依靠大伯父的50块钱已经不能满足家用，这些年，家里不断添丁进口，在瞿秋白之后，父母一连生下七个孩子（有一男一女早逝），加之，祖母已经偏瘫十多年，仅靠母亲照顾一家老小实在忙不过来，还要花钱请保姆。孩子要上学，老人要看病，家里早就入不敷出。值钱的东西已经典当了不少,眼下竟然连7元的房租都交不起,且已拖欠了好几个月,他们家频频遭到亲戚族人白眼。

这样下去不行!

若说起来,瞿秋白一家越来越悲惨的境遇,时代的风雨侵袭是一个方面,另一方面,其父瞿世玮的责任不容回避。俗话说,男人无能家要败。而瞿世玮就是个对家庭不负责任的男人:他是个典型的落魄子弟,早年丧父,孤儿寡母依靠叔父生活,性格极为内向,沉默寡言,阴郁无聊,而且还养成好逸恶劳、不务正业、游手好闲的毛病。他一年到头很少迈出家门,就喜欢宅在家里吟诗作画,或者埋头研习老庄、医药、篆刻等;他还动不动就要盘腿打坐,参禅悟道,总之,就是不外出做事,不问家事。随着家里孩子越来越多,家中开销日渐增大,在这种情况下,他硬是"痴心不改",既没本事出去做官,又不想找份差事挣点钱养家糊口,实在是"百无一用",误了全家。对于这一点,1935年,瞿秋白在福建长汀就义前接受一位名叫李克长的记者采访时,曾亲口说:"父亲则近于纨绔,吸鸦片,不事生产。"

家中有一个不做正事还要吸大烟的男人,这样的家不败落才怪!

幸好,与父亲截然不同,瞿秋白有一个好母亲。母亲名金璇,字衡玉,秀外慧中,知书达礼,是一个中国传统的贤妻良母,更是全家的顶梁柱。她侍奉婆婆,教育孩子,能干的都干了。金璇出生于江苏江阴的一个书香官宦之家,其父金心芗早年在广东当过盐大使,后回乡闲居。金璇自幼延师教读,爱好诗词曲赋,不仅写得一手工整娟秀的小楷,且会

★ 母亲金璇

填词作诗，颇有旧学根底和才气。瞿秋白纪念馆展出的文物中，就有一幅金璇写的小楷，如果不是亲眼所见，你很难想象出自一个封建时代的女子之手。

如果不是母亲的精明能干、勤俭持家，瞿秋白家可能早就垮掉了。可她一个女人家，摊上一个无用的丈夫，只能主内的她能有什么好办法呢？

父亲提出，让瞿秋白退学。因为中学堂的学费和各种花费不是一个小数目，退学省下的钱足以抵房租。

母亲坚决不干。瞿秋白是长子，聪慧又听话，学习肯下苦功，母亲把他看作家族最大的希望所在，瞿家的未来就在他身上呢！再穷再苦，都不能中断瞿秋白的学业。

母亲提出：搬家！搬到祖宗祠堂里住，可以省下每月的房租。

谁都知道，住祠堂是最不体面的事，不到家破人亡、沦为乞丐，谁也不会走这条路。出身名门的母亲本来有很强的自尊心，出此下策，实在是万不得已啊！

尽管丈夫和婆婆反对，但面对快要揭不开锅的局面，谁也无可奈何。就这样，这年的冬天，冒着刺骨的寒风，一大家子人在族人既惊讶又鄙夷的目光注视下，狼狈不堪地搬进了主要由叔祖父出资建造的瞿氏宗祠。

这是瞿秋白一家坠入深渊的一个标志性事件。许多亲友就此和他们断绝了来往。在别人眼中，到一个居住在祠堂的人家里去做客，不但有失身份，而且还会沾染上晦气。这座阴森森的宗祠见证了少年瞿秋白的苦楚辛酸，从此他变得更加阴郁，更加沉静。

1911年辛亥革命爆发,皇帝倒了,辫子剪了,吃人的封建时代貌似结束了。中学堂的师生们为此欢欣鼓舞,以为国家会就此迎来兴盛,个人命运也会随之改变。可是不久,孙中山将临时大总统的位子让给袁世凯,革命果实被篡夺,这令已经满脑子革命思想的瞿秋白感到失望极了。天天盼革命,结果生活还是老样子!

1912年"双十节",即辛亥革命一周年那晚,常州城内很多人家都挂上红灯笼,有些灯笼上还写有红色的"国庆"二字。瞿秋白放学回到家,想到袁世凯当了大总统,他抓着兵权,倒行逆施,还有什么可"庆"的呢?为表达对社会现状的不满,胸中愤懑的他便用白纸糊了个大灯笼,写上"国丧"两个大字,挂在祠堂侧门。妹妹瞿轶群担心哥哥惹祸,便把灯笼取下来。瞿秋白追着妹妹跑,夺回灯笼,执意挂了回去,直到天明。这年他只有13岁,却已经怀有如此深沉的忧国之心,这样明晰的政治见识,可见他在政治上是早熟的。

这一年,瞿秋白写了一首名为《咏菊》的五言诗——

今岁花开盛,宜栽白玉盆。
只缘秋色淡,无处觅霜痕。

这首短诗巧妙地把他的名、号——霜、秋、白三个字嵌入其间,既显示了少年瞿秋白的诗文才华,又透出他对世事的无奈。母亲认为写得好,而对黄道、星相颇有研究的父亲却认为不吉利:盛开的秋菊应该是气冲寒冬、傲视风雪,怎么是淡而无处觅呢？

苦涩的岁月缓缓流动。中学时期的瞿秋白在严重的内忧外患中成长，社会悲剧和家庭悲剧的双重痛苦冲击着他尚显幼小的心灵。眼前的现实是，瞿秋白一家的日子越来越艰难，经常遇到揭不开锅的窘境，母亲常常为家中的一日三餐急得团团转，有时全家人的午饭，只能拿早上吃剩下来的白粥充饥。为了能"赶"丈夫出去做点事，母亲写信和大伯父瞿世琥商量，打算把祖母送到杭州去，以便让男人不再有居家不出的理由，让他前往湖北黄陂瞿秋白二姑妈家当个管账先生，月薪30元。要命的是，祖母竟然不愿意离开故土，离家之际破口大骂金璇不贤不孝。亲戚族人都看到了这一幕，不免对金璇评头论足、说三道四。

祖母走了不久，在杭州做官的大伯父获罪罢官，对瞿秋白一家的接济自然完全断绝。从此全家不再有来自任何亲戚族人的资助，父亲在黄陂每月挣的30元甚至不够他个人花销，瞿秋白家的生活深陷泥沼，无力自拔，完全靠典当和借债艰难度日，很快债台高筑，借条有几寸厚。母亲算了算，即使不再借新债，这些旧债到她七十岁都还不起！全家到了山穷水尽的地步！

冷酷无情的典当行，成了瞿秋白不时光顾的地方。家里值点钱的东西典当完了，有人上门逼债，或者断炊之际，母亲就找出一些暂时用不上的衣物，让瞿秋白拿到典当行去，换点钱以解燃眉之急。到后来当无可当，竟然将家里的桌椅盆桶等家什拿去典当。每每进了典当行，瞿秋白的心宛若刀割。那些肯借债的都是些亲戚族人或者熟人，自古借钱还债，人家来讨债也不为过，但是对欠债人的刺激，对欠债人造成的心理阴影，却是难以名状的。

鲁迅在他的《呐喊》一书的自序中说："有谁从小康人家而坠入困顿的么，我以为在这途路中，大概可以看见世人的真面目……"鲁迅有过类似的经历，但是瞿秋白的这种经历比鲁迅所经历的要严酷许多！

1915年暑期一过，家里出了两件事：一是瞿秋白的祖母在杭州病逝。婆婆客死他乡，族中便有人背后嚼舌说金璇"把丈夫逼走了，把婆母逼死了"。这两大罪状足以把母亲钉牢在家族的耻辱柱上！本来她就为生计愁肠百结，这些闲言碎语更令她感到百般屈辱，无处诉说。

第二件事，瞿秋白在还差一年就要毕业的情况下，辍学了！这是母亲万般无奈之下做出的决定。瞿秋白在中学堂每年需要交纳学费30元，膳食费30元，再加上制衣、购买书籍文具等杂费，即使再怎样望子成龙，母亲也是无法应对的了。

瞿秋白的失学，在家中仿佛发生了一次地震。妹妹瞿轶群后来回忆说，哥哥在失学的日子里，饮食很少，有时出现低热，他变得很沉默，大部分时间在卧室里读书、写字，深夜也还是在昏暗的煤油灯下凝神看书。

而对于母亲来说，更是一次精神上的幻灭，犹如万箭穿心。她原本指望好好培养的大儿子将来有个出息，不说光宗耀祖，起码让全家人吃饱穿暖，不再借债。如此一来，原打算让他到大地方读大学的愿望肯定落空，长期住在这个吓人的祠堂里，还能有什么出息呢？

母亲和瞿秋白一样,整日沉默寡言。

1916年的春节前夕,每天都有讨债的人拿着借条登门逼债,这些人可都是亲友故旧啊!他们有的出言不逊,有的咄咄逼人,桌子拍得啪啪响。瞿秋白父亲不在家,都是母亲一人顶着。母亲强颜欢笑,好话说尽,把一拨拨的人连求带骗地打发走。在瞿秋白和妹妹瞿轶群眼里,母亲这位年轻时候的大家闺秀,在这时已经斯文扫地,什么书香门第,原来一钱不值。母亲无可奈何,感到彻头彻尾的悲哀。

母亲长期身心俱苦,此时万念俱灰,也许早就有了死的打算。临了,她想给瞿秋白找个饭碗,可能还有支开他的想法吧。她写信给住在无锡的外甥女杨庆令(瞿秋白姨妈家的女儿)和其丈夫秦耐铭,让小两口来常州一趟。她想让他们给瞿秋白找份工作,因为"阿双年龄大起来了",而"他的父亲不管一切"。满纸辛酸苦楚。杨庆令母亲去世早,她小时候跟金璇姨妈很亲,所以很快赶来了,当场答应带瞿秋白到无锡去。瞿秋白离家之际,恋恋不舍,母亲说:"无锡离常州不过百十里路,你想家了可以回来看看我。"

瞿秋白做梦都想不到,这次分别竟然是他与母亲的永诀!

越到年根,上门讨债的人越多。母亲满心指望丈夫从黄陂回家过年带些钱来,腊月二十四,男人回来了不假,却是两手空空!而且一回来就钻进房间,若无其事地看医书,参禅打坐……母亲最后的希望落空了。

转过年来,正月初七那天上午,已经在无锡乡下找到一份小学教职的瞿秋白突然接到父亲头天寄出的快信:"母亲病重,接信速回。"瞿秋白傻了眼,自己这才走了几天,走时母亲好好的,怎么突然就病重了呢?

他并不知晓,此时他最亲爱的母亲已经自杀身亡。

1916年2月7日,农历正月初五夜里,丈夫和孩子们睡下之后,夜已深沉,金璇先是在灯下写信,写不下去,几次起身走到几个孩子的床头查看,帮他们掖好被角。那一夜,瞿轶群朦朦胧胧地没有睡踏实,她依稀感觉到了母亲的反常,母亲还走到她床前站了一会儿,俯首凝视她。年幼的她无论如何也想不到,母亲要寻短见……

金璇回到自己房间后,把未写完的几封信写完,那是写给几门亲戚的遗书,她含泪泣血央求人家在她走后收留几个年幼的孩子。最后,她拿出早就准备好的一包火柴,仔细地将火柴头上的红磷剥下,然后用纸包成一粒丸子样,塞进嘴里;又从柜子里拿出一瓶虎骨药酒,和着药酒将红磷丸子生生吞下……

初六凌晨,瞿世玮被妻子的呻吟声惊醒,过来一看,才知大事不好。慌乱中他跑到几家医院和诊所求急诊,但当时正值春节期间,依老规矩,医院概不应诊;私人诊所的大夫回家过节去了,门都紧闭着。最后好不容易请来一位外科郎中,不管用。母亲在全家一片慌乱和哭号声中折腾了十几个钟头,经受了极度的痛苦之后,于当日傍晚才咽气。可怜的母亲,用这种残忍方式结束了自己的生命。她去世时,年仅41周岁。

瞿秋白接信后急急赶回家来。看着母亲的尸体,他始终无法相信这一切是真的。听闻母亲惨死之状,他以头撞墙,

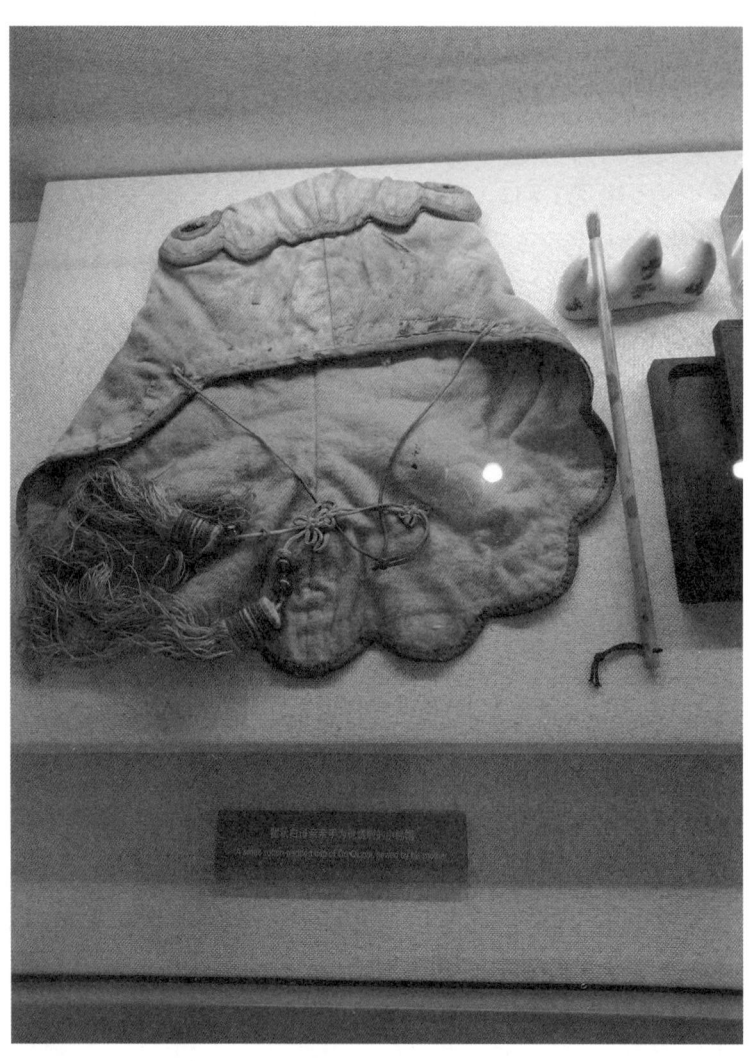

★ 瞿秋白母亲为他缝制的小棉帽

卧地打滚，声声唤娘，哭得死去活来，肝肠寸断。在为母亲守灵的那两天里，他渐渐想明白了：贫困扼杀了亲爱的母亲。面对似乎永远难以还清的债务，母亲唯以一死抵债；儿女无依，唯以一死求族人帮带。母亲选择离开人世，是以牺牲一己之身而全了一家大局，更是用一己之死直指天下不公。

父亲向亲戚借了一百块钱，买了一口薄棺木，将母亲草草入殓。因无钱买墓地，灵柩只得借厝于全家住的祠堂，苇覆尘封，不得入土。直到1943年，母亲去世20多年之后，祠堂改办学校，才被人抬到东郊的义冢（免费公墓）草草埋掉。

母亲一死，从此"一家星散，东飘西零"。父亲和弟弟、妹妹们分别投奔了外地的几门亲戚族人，寄人篱下，赖以度日。一家人再无团聚的机会。

对于没有尽到家庭责任的父亲，瞿秋白后来并没有什么怨愤。事实上，父亲对他的影响是多方面的。父亲一直非常喜欢聪明伶俐的瞿秋白，常常疼爱地抚摸着他的双颊，笑嘻嘻地看他趴在他的书案上涂鸦学画。瞿秋白的诗文、绘画、医药、篆刻，以至于清介自守的品格，都有着父亲清晰的印记。父亲后来辗转流落到山东济南。几年后瞿秋白赴俄之际，首先想到的就是"我最亲爱不忍舍的父亲"，他急匆匆赴济南与父亲同榻话别。这也是他们父子最后一次相见。父亲在济南先当家庭教师，后受聘做山东美术学校美术老师11年，因学校常常有职无薪，只能靠卖画和朋友救济维持生活，直到1932年，贫病交加地死于一座荒芜的道院中。新中国成立后，美术界认为他在花卉山水方面，技术娴熟，颇有大画家王石谷古朴清丽的风韵，遂跻身《中国美术家人名辞典》和《中国画学全史》之中，成为了有名声的山水画家。当然，父亲的这些成就瞿秋白永远也不会知道了。

1916年清明节，瞿秋白从就职的无锡江陂国民小学校（现名江溪小学）回到人去室空的常州瞿氏宗祠，祭奠母亲。在母亲灵柩前，他写就《哭母》一诗——

亲到贫时不算亲，蓝衫添得泪痕新。
饥寒此日无人管，落上灵前爱子身。

他用这首《哭母》诗缅怀母亲，虽然天长地久有时尽，但是思念绵绵无绝期。毫无疑问，母亲是被贫穷扼杀的，他为此想到了早几年就经常思索的"天下不公"的问题，认为当今社会的贫富不均，是最大的问题。可是，怎样才能铲除贫富不均呢？怎样才能做到天下为公呢？

母亲的死，对瞿秋白精神上的打击是巨大的，因此而改变他的人生之路。接下来的几个月里，经过深长的思索之后，他决定离开就职的这所死气沉沉的小学校，带着一脑子的问号，到大地方去闯荡一番。

人常说性格决定命运，其实，真正决定人的命运的，是时代。

第二章 为大家辟一条光明的路

1916年年底,瞿秋白带着无数的"问号"离开常州,到武汉投奔他的堂兄瞿纯白。瞿纯白是大伯瞿世琥的长子。在瞿秋白的几房堂兄中,瞿纯白对瞿秋白的帮助最大。瞿秋白日后走上革命道路,与这位大他十岁的堂兄有着十分重要的关系。如果没有瞿纯白的帮助,瞿秋白的人生之路可能是另外一个样子。

瞿纯白毕业于京师大学堂法文专业,这时候在北洋政府交通部下边的京汉铁路局担任通译。瞿秋白来到武汉,在瞿纯白的帮助下,考取了武昌外国语专科学校学习英语。但是上了几个月之后,他发现这所学校教学条件很差,学不到太多东西,因此产生了退学的想法。正当他为下一步的学业和生计发愁时,瞿纯白接到调令,要他到北洋政府外交部条约司任职。热心的堂兄邀请瞿秋白一同赴京,瞿秋白求之不得。又是瞿纯白,为瞿秋白打开了一条新路。

初到北京,瞿秋白住在瞿纯白家中。这时候的北京并不是一个让人感到愉快的地方,新官旧僚横行,乌烟瘴气,此时他的心情正如他后来所言:"我因母亲去世,家庭消灭,跳出去社会里营生,更发现了无量无数的问号。"

他想考北京大学,一打听,北京大学的学膳费高得惊人。瞿纯白一时拿不出那么多钱帮他,建议他参加一年一度的文官考试,先找份工作再说。遗憾的是,瞿秋白没有被录取。日后想想,如果他考上了,或许就会走上另一条人生之路——成为北洋政府的一名"小公务员",老老实实居家过日子,像大多数人那样,儿孙绕膝,终老一生。不知道这是幸运呢,还是不幸?

下一个机会就这么来临了。

1917年9月,瞿纯白告诉瞿秋白,外交部办的俄文专修馆在北京招生,学费和食宿全免。瞿秋白听后喜出望外,当即报名考试。

甲午战争中国惨败之后,为牵制日本,清政府开始亲近俄国,遂与俄国签订了《中俄密约》,把中国东方铁路(简称"中东铁路")的修筑权给了俄国,这就急需大批懂俄文的专业人才。为此,清政府于1899年在北京建立了这所专门为修建、经营中东铁路培养人才的学校——东省铁路俄文学堂。1912年,民国政府成立之后,改名为俄文专修馆,直属外交部管辖,延续了免费招生的传统。

瞿秋白顺利考取了俄文专修馆。这所学校成为他经历家庭破败、两度退学、颠沛流离之后真正意义上的"母校"。虽然不是他向往的北大，也不是他喜欢的专业，但是这里让他找到了久违的归属感，自己不再像文天祥在《过零丁洋》中所写的"身世浮沉雨打萍"那般漂泊无定。他将在这里开启他新的人生。后来的事实证明，他很快走上革命道路，与进入俄文专修馆学习俄文有极密切的关系，正是因为学了俄文，他有机会走向更大的人生舞台。

瞿秋白在学校学习刻苦，大量阅读俄国文学作品，关心时政，不仅俄语成绩名列前茅，连国语成绩也是数一数二，所写的作文经常被当作范文，油印后在同学之间传观。此外，他还自学了法文，法语水平竟然比专业补习班的学生还高。不得不说，瞿秋白在语言方面的天赋是惊人的。很快，他成为学校里的名人。

瞿秋白入学两个月后，1917年11月7日，俄国十月革命爆发。虽然远在天边，但这是一场震惊世界的大事件，也是一场决定瞿秋白命运的大革命。此前，渴望改造中国的知识分子们从未真正重视过这个远在寒冷北方的国度，十月革命的爆发，给了中国知识分子太多的启示。听着十月革命的浪潮，处在"黑暗"中国的有志之士看到了未来的希望。瞿秋白也是如此，他成为《新青年》等杂志的忠实读者，快速接受了进步思想的熏陶。

1919年爆发的运动，像翻天巨浪，对后世中国产生了极其深远的影响。对瞿秋白来说，亦是如此。

如果说十月革命的炮声，惊醒了正在寻找出路的瞿秋白,那么五四运动则彻底打破了他的孤寂生活,把他从书斋引向改造社会的实践。5月4日那天,他作为俄文专修馆总代表之一,组织带领大家参加在天安门广场的示威游行,参加北京学联《上大总统书》的签名活动,随后又为营救被捕同学,投入全市总罢课斗争之中。他不仅是俄文专修馆的"政治领袖",而且随着斗争深入,他以阅历深、学识博、见解新而成为由俄文专修馆、汇文中学、铁路管理学校三校组成的活动小组的"谋主",这些初步显示了他的政治才干和领导能力。

期间,他本人两次被捕,因为焦躁劳累,几次吐血,瘫倒在地。大概在母亲去世之后不久,他就患上肺病,一直没有钱好好治疗。在当时,这种病本就属于绝症,很难治愈,犯了病应该好好休养,可他全然不顾,像个拼命三郎。他的表姐夫秦耐铭写信来慰问他的病,他复信说:"干了这平生痛快事,区区吐血,算什么一回事!"

7月17日,北京《晨报》登出了瞿秋白的文章《不签字后之办法》。这是一篇政论文章,是他的处女作。他在这篇文章里,指出中国政府在对德、对协约国、对日等三方面应该坚持的立场和采取的措施,同时也指出广大民众和学生应该对诸国列强采取各种办法,坚持不懈,继续斗争,绝不能手软。文章不长,但说理透彻,分析有据,表现了他的冷峻与理性。

经过五四运动的洗礼,瞿秋白的世界观逐渐倾向马克思主义。不久,他与进步青年郑振铎等人创办《新社会》杂志,还参加了李大钊牵头组织指导,北京大学学生邓中夏、刘仁静等人发起和建立的"马克思学说研究会"。该会是李大钊为团结和教育那些赞成马克思主义的青年知识分子而创立的,主要是为创建中国共产党做思想和干部准备。在那段时间,瞿秋白以笔为戎,写出了一系列批判旧社会、醒世救国的文章,号召国人投入反帝、反封建,创建新社会的革命斗争大潮之中。他们所创办的《新社会》杂志影响越来越大,北洋政府开始注意到它,不久,便派出警察进行了查封。这本进步刊物,只办了半年,出刊十九期,但它在当时与《新青年》《新潮》《国民》《曙光》一起,成为全国最有影响的五家进步刊物。瞿秋白一共在《新社会》发表了20多篇文章(包括译文)。郑振铎后来回忆说:"秋白的尖利异常的正面攻击、或明讽暗刺的文章是《新社会》里最有分量的。"

刊物被查封后,瞿秋白气愤地说:"他们查封它,说明它办得好!查封了杂志,查封不了我们的思想!"紧接着,他又和郑振铎等人筹办了新刊物《人道》。

这时,瞿秋白虽然只有21岁左右,但经历了家庭磨难和时代风雨的吹打,他已经逐渐变得成熟而坚强。他用行动表明,他的思想不仅活跃,而且正处在向社会主义和马克思主义转变的途中。而大时代,也向他张开了更加宽广的怀抱⋯⋯

1920年秋天,瞿秋白从北京《晨报》上看到一则启事,该报和上海《时事新报》联合招聘3位懂俄语的记者赴苏俄考察,年薪约大洋两千元。俄文专修馆的教材中有大量普希金、托尔斯泰、屠格涅夫、契诃夫等俄国著名作家的作品,那些优美的诗文深深震撼了瞿秋白的心灵，他早就对遥远的俄罗斯大地心向往之，何况十月革命之后，一直坚信"百闻不如一见"的他，很想到苏俄看个究竟。于是，他迫不及待地报了名。他以前常给《晨报》写稿，国文水平有目共睹，再加上他又是俄文专修馆的学生，俄语在同学中出类拔萃，因此顺利地被招聘为该报驻俄特派记者。

瞿秋白的决定，遭到了亲友们的一致反对。首先是堂兄瞿纯白坚决不同意瞿秋白去那么远的地方。瞿纯白在外交部工作，比较了解苏俄的状况，十月革命后的苏俄，经历了帝国主义武装干涉和国内战争，正处于十分艰难的境地，全国普遍处于饥荒之中，很多人把苏俄看作是"饿乡"。何况那是极寒之地，加之，瞿秋白身患肺病，去那种地方，瞿纯白认为他无疑是"自趋绝地"。

还有，当年他在常州中学因为家贫提前一年辍学，没有拿到中学毕业文凭，现在如果去苏俄，离俄文专修馆毕业还有半年，又将拿不到专科毕业文凭。功亏一篑，多可惜呀！他此时在俄文专修馆读书，住在瞿纯白家，虽是粗茶淡饭，但有堂兄夫妇照顾，吃穿不愁。此时他的两个弟弟也来到了北京，兄弟三人每天都能见面，其乐融融。照这样下去，熬上半年，以待完成学业，进入仕途，步堂兄后尘，做一个小官，维持家庭的小康生活，应该是多少人梦中所求……

但是，无论怎么劝，无论怎样的理由，瞿秋白去意已决，不肯回头。他要带着无数的问号到苏俄去，寻求真理。此时的他已经成为一个对社会主义有浓厚兴趣的先进青年知识分子，他有志于走救国救民的新路，他要"拨开重障"，

★ 1920年5月,瞿秋白在北京

"为大家辟一条光明的路"。这种强烈的"内的要求"驱策他义无反顾地走向赤俄的土地。

他告诉瞿纯白,去俄国"不是为生,乃是为死而去"的,因此不管前路多么艰辛,都挡不住他。

瞿纯白见状,也就不再强留。瞿秋白办了退学手续,临走前,瞿纯白叮嘱他到俄国后,要专心研究学问,不要半途而废。瞿纯白实则担心瞿秋白踏入政治的漩涡。混乱的年代,搞政治是危险的,随时都有杀头的危险,他真心希望这位聪慧善良的堂弟远离政治,老老实实当一个学问家,过寻常人的日子,一辈子平平安安。

临别之际,瞿秋白最不舍的便是这位对自己帮助最大的堂兄瞿纯白。瞿纯白曾经尝试用"家族的旧道德"来培育他,到头来,怕是要让堂兄失望了。想到这里,瞿秋白禁不住洒下了泪水……

瞿秋白和两位同伴俞颂华、李宗武途中历经三个多月的艰辛,于1921年1月25日到达莫斯科。为了便于工作,他给自己取了个俄文名字:维克多尔·斯特拉霍夫,意为战胜恐惧,克服困难。

作为一名特派记者,瞿秋白在苏俄大约两年时间里,除了1922年春因肺病发作吐血在高山疗养院休息一个多月外,他几乎马不停蹄,做了大量考察、采访,在苏俄大地上行走了许多地方。赤色的俄罗斯大地日新月异的深刻变化令他的思想不断演变,他饱含激情地撰写了《共产主义之人间化——第十次全俄共产党大会》《苏维埃俄罗斯之经济问题》等五六十篇通讯稿,这些文章在国内见报后引起强烈反

★ 瞿秋白在苏联

★ 1920年赴俄前,瞿秋白(右)同俞颂华(中)、李宗武(左)合影

响，为国人了解苏联，起到了很好的桥梁作用。除此之外，他还以优美的文笔、独特的视角创作了两本散文随笔集——《饿乡纪程》和《赤都心史》。这两本书既是瞿秋白闯入五四运动后中国文坛并得以在其中立足、产生重大影响的文学作品，同时也是他与莫斯科政治情缘缘起缘兴的文字见证。

这些凝聚着瞿秋白真挚情感与革命理想的新闻与文学作品，客观真实地介绍了十月革命后苏俄大地的现状，同时也给苦难中的中国人民指明方向：十月革命是"二十世纪历史事业之第一步"，莫斯科已经成为全世界无产阶级"心海中的灯塔"。

如果说起初他是以一个驻俄特派记者的眼光观察和报道新生的社会主义国家，那么随着考察和思索的深入，以及在大量阅读马克思和列宁的经典著作之后，他不知不觉间已经从一个单纯的新闻记者，实现了向一名马克思主义者的转变。《赤都心史》中的一篇短文《"我"》展露了他的心迹，他充满激情地写道："'我'不是旧时代之孝子顺孙，而是'新时代'的活泼稚儿。固然不错，我自然只能当一很小很小无足重轻的小卒，然而始终是积极的奋斗者。我自是小卒，我却编入世界的文化运动先锋队里，他将开全人类文化的新道路……"

1921年5月下旬的一天，瞿秋白正在埋头写稿，有人来访。他抬起头，惊讶地发现，站在他面前的是他的中学同学、好友张太雷。他激动地跳起来，与张太雷紧紧拥抱。

他们二人不仅是同乡、同窗，还是同庚（阴历），二人的家庭身世也颇为相似——瞿秋白17岁丧母，张太雷8岁丧父、都有过家境破落的青少年时代。在常州时，他们就是最好的朋友，彼此惺惺相惜，来往密切。中学毕业后，张太雷考入北京大学，但因北大学制长，家贫难以维持，读了几个月后便转往天津入读北洋大学。他政治上更为激进，此时已经是中国共产党早期组织的活跃分子，是最早的中国共产党党员之一、中国社会主义青年团的创始人，此番他受命来到伊尔库茨克，担任共产国际远东书记处中国科书记。如果要对他们二人作个比较，张太雷开朗活泼、一身豪气，瞿秋白则少年老成，沉静多思；一个长于行动、实践，一个长于理论、写作。

此番见面，张太雷向瞿秋白介绍了国内的新情况，尤其说到马克思主义在广泛传播，共产主义小组不断涌现，瞿秋白兴奋不已。张太雷察觉到来苏联工作仅半年的瞿秋白政治觉悟和马克思主义修养有了很大提高，已经具备了一名共产党员的条件，便提出介绍他加入共产党组织。瞿秋白非常高兴。因为那时国内全国性的共产党组织还没有成立，所以张太雷便和北京大学的张国焘一起介绍瞿秋白加入俄共（布）党组织，成为一名预备党员。中国共产党第一次全国代表大会召开、宣告中共正式成立之后，同年的9月，他转为正式党员，1922年春补办了入党手续。

加入中国共产党，意味着他将从一个文学青年走上艰辛、坎坷的政治道路，担负起救民于水火、复兴中华的神圣使命。为大家开辟一条光明的路，正是中国共产党人的不懈追求。尽管这一时期，他肺病缠身，仍努力工作，以至于在莫斯科东方大学（即东方劳动者共产主义大学）担任中国班教员兼翻译期间,他吐血昏倒,被送进疗养院。医生警告他,虽然他年纪轻轻,可是肺病已经相当严重了。

他却满不在乎地说:"我的生命中不能没有工作,要不然这生命还有什么意义呢?"

共产国际第三次代表大会在莫斯科召开期间,瞿秋白以中国记者的身份参加大会。1921年7月6日那天,在克里姆林宫安德莱厅,国际无产阶级革命的伟大导师列宁出现在主席台上,大厅里立刻欢声雷动。22岁的瞿秋白激动不已,眼泪都涌了出来。

他在《列宁杜洛次基》一文中,最早向中国读者描述了列宁的形象。他兴奋地写道:"列宁出席发言三四次,德法语非常流利,谈吐沉着果断,演说时绝没有大学教授的态度,而是一种诚挚果毅的政治家态度流露于自然之中……列宁的演说,篇末数字往往为霹雳的鼓掌声所吞没……"

让他更为激动的是,会议休息期间,在走廊里,他居然幸运地撞上了列宁。看着列宁迎面走来,他努力平息自己的心跳,迎上去向列宁问候。

列宁实在太忙,说了几句就和他握了一下手,走开了。这足以让瞿秋白万分激动,终生难忘。

不久,他又一次见到列宁。那是这年的11月7日,在俄国十月革命四周年的纪念集会上,列宁突然再次现身演讲。于震天动地的欢呼声中,瞿秋白用心尽力听着演说,一字也不肯放过。

两次见列宁,这种殊荣在早期中共领导人中是少有的。他现场聆听列宁教诲,目睹列宁的风采,亲身感受俄国工人

★ 1921年，瞿秋白与共产国际第三次代表大会部分代表在莫斯科（局部）

★ 瞿秋白纪念馆大门左侧铜雕《见到列宁》

群众对自己领袖的尊敬和爱戴之情,这使他深受教育和鼓舞,从而更加坚定了马克思主义的信仰。

1922年11月至12月,共产国际第四次代表大会辗转在圣彼得堡和莫斯科召开,瞿秋白也迎来了他人生的重大转折与契机。这次会议,中共派出了以总书记陈独秀为团长的最高规格代表团。由于陈独秀不懂俄语,瞿秋白作为中共代表团的翻译,一个月的时间里与陈独秀等人朝夕相处。瞿秋白所表现出来的理论素养、个人能力以及熟练的俄语翻译水平,都给陈独秀留下了深刻印象。陈独秀十分赏识瞿秋白,深感他是党内不可多得的人才,遂提出带他回国工作。而瞿秋白在旅俄之前就在北京大学旁听过陈独秀的课,也拜读过多篇陈独秀在《新青年》上发表的文章,把陈独秀看作是他马克思主义的启蒙老师,因此他欣然从命。

1922年12月21日,瞿秋白跟随陈独秀踏上了回国的征程。在苏俄的两年经历,对他有着非凡的意义,不仅从根本上改变了他的世界观,更为他日后成长为中国共产党的领导人奠定了坚实基础。

"去俄"对他的影响是巨大的,怎么说都不过分。他是苏俄两年蓬勃发展的见证者,他见证了这里从"饿乡"到经济形势逐渐好转,社会欣欣向荣,到处都是热火朝天的社会主义劳动景象。因为这一去,他便与马克思主义、共产主义、苏俄和共产国际结下了不解之缘。由此,他很快脱胎换骨,从一个寻常的记者成长为一名国际共产主义运动的战士和领导人。而两年前一同赴俄的三位青年记者——俞颂华到俄不久就去了德国,再无消息;同瞿秋白一样加入了中国共产党的李宗武后来很快脱党，三人中只有瞿秋白彻底走上马克思主义的革命道路。

回到北京的瞿秋白已经被视为社会名流。落脚两天之后，他就被邀请到北京高等师范学校礼堂演讲，当天是北京马克思主义学说研究会在这里召开纪念德国共产党创始人李卜克内西、卢森堡牺牲四周年大会。除他之外，李大钊、蔡和森都上台演讲，他的演讲与众不同，他不但讲而且唱——纵情高歌《国际歌》，让与会者第一次听到《国际歌》那激越雄壮的旋律，把会场气氛带向高潮。

回到祖国的瞿秋白按照陈独秀的安排，参加中央宣传委员会工作，协助蔡和森等编辑党中央机关刊物《向导》。辞掉《晨报》的工作之后，他需要找一份职业谋生，最好是个能够对外公开的职业身份，当时的中共党员大都是在地下活动，而且没有薪资，完全是义务做事。李大钊推荐他到北大俄文系教授俄国文学史，但是校方认为他是刚从"赤都"归来的危险分子，不敢用，所以迟迟不发聘书。堂兄瞿纯白一如既往地帮助他，在其引荐下，外交部把聘书发来，月薪200块大洋。这在当时是一份薪水很高的美差，要是换成别人，当真求之不得。可是，"慨然以天下为己任"的瞿秋白却拒绝了，因为他实在不想去衙门为那些老爷们做事。

对此瞿纯白很不理解——因为那时他尚不知晓瞿秋白的远大志向啊！

军阀吴佩孚镇压京汉铁路大罢工的二七惨案发生之后，北方工人运动转入低潮，中共中央在北京召开会议，决定将中央机关秘密迁回上海。党中央随即委派瞿秋白去上海工作。瞿秋白再一次与瞿纯白及两个弟弟告别。瞿纯白他们很是不解：亲人都在北京，你突然跑上海那陌生地方干什么去呢？

只有瞿秋白清楚，他此行依然是向着他的初心而去——为大家辟一条光明的路！

第三章 爱与痛

瞿秋白赴上海，名义上是到上海大学任教，实则还有一项更重要的使命——恢复创办《新青年》季刊。这时是1923年3月底。主办《新青年》杂志，是在莫斯科时陈独秀就同他商量好了的。

《新青年》原名《青年》，1915年创刊于上海，是陈独秀发起新文化运动的主要阵地。俄国十月革命后，它开始宣传马克思主义。中共成立后，成为党中央的理论刊物。1922年7月休刊。

《新青年》月刊最高发行量曾达到一万五千份，在国内40多个城市有90多个代办处，成为近现代革命史上最重要的期刊。《新青年》影响、培养了一代追求光明的爱国青年，他们中的一些人后来创建了开天辟地的历史伟业。

1923年6月，瞿秋白担任主编的《新青年》季刊创刊号问世。对书法和绘画颇有功底的他亲自题写刊名，设计了封面。时隔近一百年之后，在瞿秋白纪念馆，笔者看到了那本《新青年》季刊创刊号，在他设计的杂志封面前久久沉思——只见监狱的铁窗里，一只粗壮的手从里面伸出，手中

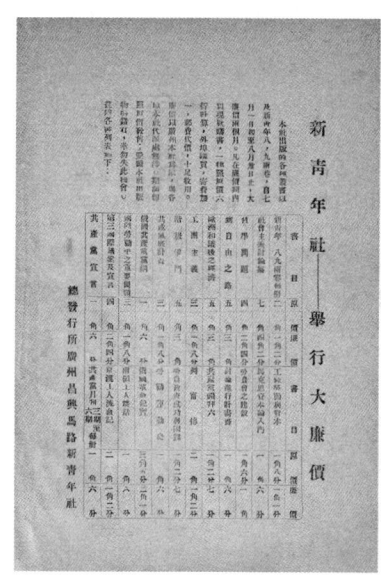

★ 瞿秋白担任主编的《新青年》季刊创刊号

挥舞着一条红领巾，灰白色调的铁窗和鲜红的飘带形成强烈对比。他题写的"新青年"刚劲秀丽，铁窗下还写着一句话："革命党自狱中庆祝革命之声"。这个设计即使在今天看来，仍然从视觉上给人带来强烈的冲击感。

他还亲自撰写了《〈新青年〉之新宣言》，宣告该刊将"成为中国无产阶级革命的罗针"，"中国旧社会崩坏的时候，正是《新青年》的诞辰——中国革命的产儿"。为了表现党的政治理论刊物的鲜明特色，他特意把复刊号办成"共产国际号"专刊，编发的15篇论文和译文都是关于共产国际的理论和实践。其中有5篇为他所写。为了保护编辑部及工作人员的安全，《新青年》的编辑者写为：广州平民书社。社址为：广州昌兴马路二十八号二楼平民书社。

值得一提的是，《新青年》复刊号发表了气贯长虹、影响深远的《国际歌》词曲。而瞿秋白是第一个把配曲后的《国际歌》译成中文的人。之前，耿济之、郑振铎等人以《第三国际党颂歌》之名做过翻译，但因为没有附曲而流传度不高。之后，《国际歌》在中国有好几种译文版本，大都是诗的形式，而且词意不那么准确，同样只有词没有曲，无法传唱。为了让这首无产阶级的战歌能够在中国传唱，瞿秋白从苏俄回国后，将配上曲谱的《国际歌》重新翻译。

对此，著名现代文学翻译家、作家、教育家曹靖华在一篇回忆瞿秋白的文章写道："最令我敬佩的是外文'国际'一词，在外文是那么长的一串音节，而在汉语中却只有'国际'两个音，这怎么能使它配上原谱呢？你说这个字在西欧各国都是同音，所以汉语也应该相同。你采用了音译'英特纳雄耐尔'解决了这一难题。并且认为这样在唱时可和各国之音一致,使中国劳动人民和全世界无产者得以同声相应,收万口同声,情感交融之效。"

我们今天所唱的《国际歌》,歌词是后来经过作家萧三多次修改而成的,与瞿秋白译文有了很大变化,但其中"英特纳雄耐尔"一词,仍然保留了瞿秋白当年的音译首创。

《新青年》复刊后的半个月,瞿秋白创办并主编的中共中央另一理论刊物《前锋》问世。《前锋》的编辑特色主要表现在内容上注重实际,揭露军阀政府的黑暗统治。两刊初创时,人员很少,有时只有瞿秋白一人,他忙得团团转。

在创办《新青年》和《前锋》期间,瞿秋白于6月初从上海来到广州,以苏俄归国代表的身份参加中国共产党第三次全国代表大会。大会于6月12日至20日在广州东山恤孤院31号召开,陈独秀、李大钊、蔡和森、张国焘、恽代英、毛泽东、共产国际代表马林等人参加会议。大会第三天,瞿秋白向全体代表做了出席共产国际第四次代表大会的情况报告,并负责起草了党纲草案,还参与了党章的修订工作。他在党纲草案中提出了"无产阶级是唯一的、最现实的、最先进的、最彻底的力量",以及要"促醒农民,与之联合",否则"革命不能成功"的重要论断。可惜的是,这些提议都被陈独秀删掉了。

大会的核心议题是讨论国共合作问题。那时共产党的力量太过弱小,二七惨案就是血的教训,要想推翻军阀政府,不联合广大的同盟者,仅仅依靠工人阶级孤军奋战,不能战胜强大的敌人。而国民党当时处于国民革命运动的领袖地

★ 1923年，瞿秋白在上海

位,因此,中共必须联合孙中山领导的国民党,建立统一战线,共同对付北洋军阀。

但对于这个重大问题,中共党内一直存在不同意见。而从共产国际的策略上看,建立革命统一战线,促进国共两党合作,是共产国际在中国的一个基本战略决策。会上经过激烈的争论,大会最终决定全体共产党员以个人名义加入国民党,以党内合作的形式同国民党建立联合战线。

从后来的发展事实看,中国共产党第三次全国代表大会实际上成了国共合作、改组国民党、迎接第一次大革命高潮的历史性转折点。

在中国共产党第三次全国代表大会召开前后,瞿秋白主要担任当时共产国际驻中国代表马林的翻译,二人接触很多。马林原是荷兰人,深得列宁信任,他曾经三次秘密来华,后来被认为是改变中国现代革命进程的人物之一。会议期间,瞿秋白很活跃,他的政治观点是致力于推进国共合作的,这让马林很赏识他,把他视为"知音"和得力助手。瞿秋白工作非常勤奋,里外兼顾,见缝插针编辑《新青年》杂志,即使身体很差却不舍昼夜,顽强带病坚持为党工作。马林看在眼里,很受触动。尤其他所表现出来的理论素养和工作能力,令马林很是看重。随后不久,马林在写给共产国际执行委员会主席季诺维也夫,以及执行委员会的布哈林、拉狄克、达林、越飞等人的信中,屡屡提及瞿秋白,对他大加赞扬,评价极高,甚至称赞"他是这里最优秀的马克思主义者",向他们大力推荐瞿秋白。

或许这就是日后共产国际垂青瞿秋白的一个重要原因

吧。也正因为如此，大会之后，中共中央才会委托瞿秋白致信共产国际主席季诺维也夫，全面汇报中国现时的政治、经济状况。

中国共产党第三次全国代表大会，瞿秋白一跃而成为一颗"政治新星"。

若说起来，马林不仅是瞿秋白政治上的"伯乐"，还是他爱情上的"月老"。当然这个"月老"马林是无意之中当上的，或许他本人并不知悉其中的细节。

中国共产党第三次全国代表大会召开之前，青年共产国际执委会秘书许鸾致信马林，说青年共产国际负责人达林因故不能来华出席中国社会主义青年团第二次全国代表大会，因而想请马林代为出席。马林答应了。

但是到了8月，莫斯科突然决定由鲍罗廷替代马林。这是因为中国共产党第三次全国代表大会闭幕后，马林很想担任苏联派驻广东领事乃至孙中山的顾问，以便把外交工作与共产国际工作结合起来。共产国际在中国的工作其实是秘密进行的，而外交工作则是公开的。但是苏联外交职务绝不允许非俄国人担任，马林的希望落空了，他又不愿意接受其他安排，只能遗憾离开中国。此后，马林还想第四次来华施展才华，但是不知何故，最终未能成行。到了第二次世界大战期间，马林勇敢地投身反法西斯战斗，不幸被捕，他唱着《国际歌》走向刑场——这都是后话了。

马林离开中国之前，没忘记参加中国社会主义青年团第二次全国代表大会的事，于是委托瞿秋白代他出席——由此可见他对瞿秋白的信任。就这样，8月中旬，瞿秋白临时从上海赶赴南京参加中国社会主义青年团第二次全国代表大会。当然，与参加中国共产党第三次全国代表大会不同，这次他很轻松。

常言说，有缘千里来相会。一天会后，担任团中央书记的施存统来到瞿秋白房间，对他说："有两个在上海读过书的女学生，一个叫蒋冰之（即著名作家丁玲），一个叫王剑虹，来南京玩，我们去看看她们如何？"

瞿秋白好奇地问："你怎么认识她们的？"

施存统解释道，这二人与他新婚的妻子是上海平民女校的同学，他在街上偶然碰到她们，才知她们来南京了。

瞿秋白闲着无事，便随施存统来到那两个女孩子的住处。施存统向两位女生介绍道："这位是刚从俄国回来的瞿秋白先生。'瞿'就是……"他一时语塞。

瞿秋白赶紧解释道："'瞿'就是'一佳顶二目'。"

两位女生一开始没反应过来，等她们明白后，忍不住放声大笑。瞿字，可不就是"一佳顶二目"嘛。

初见时的欢快气氛，往往是一个好的开端。

时隔半个多世纪之后，丁玲在回忆秋白的文章中写道："这个新朋友瘦长个儿，戴一副散光眼镜，说一口南方官话，见面时话不多，但很机警，当可以说一两句俏皮话时，就不动声色地渲染几句，惹人高兴，用不惊动人的眼光静静地飘过来，我和剑虹都认为他是一个出色的共产党员。这个人就是瞿秋白同志。"

从这段文字可以看出，年仅24岁风华正茂的瞿秋白给初次见面的两个女孩子留下了十分难忘的好印象，以至于半

★ 王剑虹（右）与丁玲合影

个多世纪之后丁玲仍然清晰地记得初见时的点滴细节。

据丁玲回忆，不久之后，施存统和瞿秋白又来过一次。瞿秋白讲苏联故事给她们听，还讲起托尔斯泰、普希金、高尔基，她们很是羡慕。她们讲了自己的过去，并且谈到一些不切实际的幻想，流露出对上海平民女校的不满，对未来的彷徨，声称要到社会上闯荡一番。

王剑虹是四川酉阳人，原名王淑璠，1903年生，其父是辛亥革命时期的老同盟会会员。她12岁丧母，13岁那年随父亲来到湖南省桃源县，考取省立第二女子师范预科，与随后入校的丁玲成为好友。在小两岁的丁玲眼里，她美丽而高傲，有一双智慧、犀利、坚定的眼睛。1919年，五四运动的风潮席卷全国，桃源二女师的同学们也行动起来，王淑璠成为领头人物，她的演讲很富有感染力，一时成为风云人物。第二年，她父亲王勃山带她到上海求学，并为她改名王剑虹，新名字取自龚自珍的诗句："美人如玉剑如虹。"仅听这名字就知其父女二人的性格。父亲希望女儿将来巾帼不让须眉，干一番大事业。

王剑虹到上海后，在上海（中华）女界联合会做临时文字工作，先后结识了李达、陈独秀、高君曼等中共创始人，在陈独秀等人创办的中共第一份妇女刊物《妇女声》担任了一段时间的编辑工作，她还撰写了好几篇在当时较有影响的文章，文章热忱于社会主义，倡导妇女解放。由此她登上了中国现代妇女运动的早期政治舞台。

1922年，陈独秀、李达创办了一所为党培养女干部的学校——上海平民女校，王剑虹是女校最早的学员之一。这年她到常德，劝说当时还叫蒋冰之的好友丁玲离开湖南，一起到平民女校读书，从而"寻找真理，去开辟人生大道"。但是没过多久，二人可能对平民女校对学生的束缚管制感到不满，遂萌生去意。这两个倔强好强、喜欢自由、有着强烈叛逆性格的年轻人遂不管不顾离开上海，"决定自己学习、自己遨游世界，不管它是天堂还是地狱"。

当她俩误打误撞来到南京时，经济上已经很是窘迫、狼狈。然而命运却安排他们偶遇瞿秋白，并且给她们的人生之路带来转折。

听说她二人想到社会上闯荡，瞿秋白和施存统都认为不妥。瞿秋白问道："你们的生活费哪儿来？父母不可能管你们一辈子啊。"

丁玲抢着回答说："我们可以到纱厂做工，还可以当家庭教师，或者当用人挣钱。总之要按照自己的理想去生活，不能被环境左右。"

瞿秋白笑着说："你们的想法是好的，但未免过于天真。这样没有目的地乱闯，是不行的。"之后他力劝她们再回上海，到刚刚开学不久的上海大学去。他身为上海大学的教务长，保证她们到那里可以自由听课，自由选择专业，不受拘束。

秋白的劝说立竿见影。两个女孩果真回心转意，愉快返回上海，入读上海大学中国文学系。

在瞿秋白不太长的生命历程中，上海大学的时光占据着重要的位置。不光因为他在这里为党培养了一批人才，还在于他在这里两次邂逅爱情。他在上海大学的日子有苦涩，有悲痛,更有爱和欢乐。

上海大学是国共合作背景下创办的一所地道的弄堂大学。瞿秋白受党组织委派,到上海大学担任教务长,后任社会学系主任。这也是中国大学教育史上成立的第一个社会学系。蔡和森、萧楚女、张太雷、恽代英、施存统、沈雁冰(茅盾)等一批共产党的重要人物和著名学者,陆续来到该校任教。

茅盾先生在《我所走过的道路》一文中写道:"平民女校是党办的第一个学校,上海大学是党办的第二个学校。"在当时,如果说黄埔军校是国共合作期间由国共合办,而由苏俄及共产国际方面的军事专家负责培养军职人员的武备大学,那么上海大学则是由国民党出面而由共产党主持,培养政治干部的文科大学,二者交相辉映,成为国共合作期间的"文武"双星。

正式来上海大学之前,当时已经声名大振的胡适曾经热情推荐瞿秋白到著名的上海商务印书馆工作,但被他婉言谢绝了——否则他有可能走上文学创作和学术研究之路——虽然他内心是那么地喜欢文学。但是共产党员的使命感,不容他改变初心。

那段时光,瞿秋白一边编党刊,一边执教上海大学,他同时教授社会科学概论和社会哲学。他知识渊博,虽年纪轻轻但阅历丰富,精通俄语,粗通英、法语,讲课时经常旁征博引,既有理论,又联系实际,学生们听得特别过瘾。丁玲认为,虽然上海大学有很多很好的教员,"最好的教员却是瞿秋白"。杨之华回忆说,甚至连恽代英、萧楚女这样的大知识分子,有时也来听他的课。

因为有共同的语言和追求,瞿秋白、王剑虹、丁玲三人来往比较密切。据丁玲在《我所认识的瞿秋白同志》回忆:瞿秋白几乎每天下课后都要到她们住的小亭子间谈诗讲文,她们特别地开心和期待。他的知识面很宽,他讲希腊、罗马,讲文艺复兴,也讲唐宋元明。他不是对小孩讲故事,对学生讲书,而是把她们当作同游者,一同游历上下古今,东南西北。

这一时段,瞿秋白的肺病似乎停止了发展,身体状况、精神状态居然都很好。

在频繁的交往中,瞿秋白很快赢得了王剑虹的芳心。瞿秋白相貌俊逸,才华横溢,经历丰富,此时已经是社会名流,且思想进步,谈吐风趣,像这样的男人,足以让接触到他的女孩迷恋上。当然,还与两人的经历有关,由于两人的生活阅历、气质相近——都是少年丧母,都爱好古典诗词,因此王剑虹心中对瞿秋白的爱恋,是刻骨铭心的。

一天,瞿秋白为沈雁冰代课。课堂上,学过美术的王剑虹悄悄为讲台上的瞿秋白画了一张素描,下课后,她拿给瞿秋白,并问画得像不像,瞿秋白心里高兴,仔细看了看,故意摇摇头说:"不像。"王剑虹不好意思了,低下头说:"画得不好么?"瞿秋白这才笑着回答道:"不,是你把我画得太好了,我可没有那么英俊潇洒。"

话说回来,那个年代的人,特别是女性,是不能够随便把爱情两个字说出口的。王剑虹尽管深爱秋白,却难以表达,她有她的自尊心,不敢示爱,担心被拒绝,脸往哪搁;

可又忍受不了情感的折磨，于是她想到了逃避，想让自己的心冷却下来。

有一天，她突然对丁玲说，打算跟父亲回一趟四川老家。丁玲不解，因为她在老家已没什么至亲了。她苦苦一笑，说了一句莫名其妙的话："一个人的思想总会有变化的，请你原谅我。"

王剑虹情绪的变化令丁玲简直摸不着头脑，似乎又悟到一点什么——她感觉肯定与瞿秋白有关。一天，丁玲于无意中，在王剑虹的床垫下边发现了一首短诗——

> 他，
> 回自新气的饿乡，
> 本有的潇洒更增新的气质，
> 渊博的才华载回异邦艺术之仓。
> 他的学识、气度、形象，
> 谁不钦羡敬重，
> 但只能偷偷在心底收藏。

天哪，这是一首情诗！痴情的少女，你爱得这样执着……丁玲全明白了，也一下子被感动了。无人清楚她当时的感受，或许也是五味杂陈，但她断然决定，自己要做个红娘，让这对有情人终成眷属……

那天下午，丁玲拿着诗稿，来到瞿秋白的住处，无声地把那页诗稿递给他。他退到一边去读，读了很久，才又走过来，用颤抖的声音问道："这是剑虹写的？"

丁玲答道:"自然是剑虹。你要知道,剑虹是世界上最珍贵的人。你走吧,到我们宿舍去,她在那里。我将留在你这里,过两个钟头再回去。秋白,剑虹是我最好的朋友,我不忍心她回老家。她是没有母亲的,你不也是没有母亲吗?"

瞿秋白呆愣在那里,一时不知怎么办好。

"你们将是一对最好的爱人,我愿意你们幸福!"丁玲含泪说道。

瞿秋白感动不已,握了一下丁玲的手,郑重说道:"我谢谢你!"

那天,在王剑虹和丁玲的住所,在那个难忘的时刻,瞿秋白用一首调皮而有趣的小诗向王剑虹表达了他深深的爱——

倩女传书似红娘,笨傻张生喜若狂。
急赴闺阁拜莺莺,两朵红杏终出墙。

当丁玲回到宿舍的时候,她发现两人气氛非常和谐、美好,脸上写满了幸福。

瞿秋白要离开了,丁玲一不做二不休,从墙上取下一张王剑虹的全身像,递给瞿秋白。瞿秋白把相片揣进怀里,感激地望了一眼丁玲,下楼走了。

1924年1月2日,瞿秋白和王剑虹喜结良缘。婚后,夫妻二人的感情非常好。从那段时间写给对方的诗和信笺就能明显感觉到,他们是那么地柔情蜜意,那么地和谐恩爱,那么地浪漫动人。

1924年2月16日,在广州的瞿秋白给王剑虹写了一封信,是用五彩布纹纸写的,信中附诗一首——

万郊怒绿斗寒潮,检(捡)点新泥筑旧巢。
我是江南第一燕,为衔春色上云梢。

这首名为《江南第一燕》的短诗,笔者以为是瞿秋白最为著名的一首诗。其中的后两句或许可以作为他一生的写照——他多么像是一只来自江南的直冲云霄的春燕,为祖国大地唤来春色,使古老的中华焕发出春日的光彩……

1924年1月20日至30日,中国国民党第一次全国代表大会在广州召开,出席大会的代表总数约为196人,共产党代表约占总数的百分之十。瞿秋白作为中国国民党第一次全国代表大会宣言起草人之一,出席了大会。他与毛泽东等共产党人一起,当选为国民党候补中央执行委员。

这次会议开辟了中国国民运动的新纪元,是第一次国共合作正式形成的标志。

毛泽东后来曾经写道:"我们以共产党员的资格出席国民党的代表大会,也就是所谓'跨党分子',是国民党员,同时又是共产党员。当时各省的国民党,就是我们帮助组织的。那个时候,我们不动手也不行,因为国民党不懂得组织国民党,致力于国民革命三十九年,就是不开代表大会。我们加入国民党以后,1924年才开第一次代表大会。宣言由我们起草,许多事情由我们帮它办好,其中有一个鲍罗廷,

★ 1924年8月，国民党中央执行委员会一届二中全会合影，左六为孙中山

当顾问，是苏联共产党员，有一个瞿秋白，是加入国民党的中国共产党员。"（见《中国共产党第七次全国代表大会的工作方针》，1945年4月21日）

毛泽东提到的鲍罗廷，是1923年秋接替马林来中国工作的。他既是共产国际新任驻中国秘密代表，又是孙中山请来的国民党中央顾问，名义上帮助国民党进行改组，并协助起草国民党组织法及党纲、党章。鲍罗廷到广州与孙中山会面之前，在上海与瞿秋白一见面就相中了他，这或许与不久前马林的大力举荐有关。鲍罗廷甚至没有与中共中央商量就点名将瞿秋白带到广州，请他担任自己的翻译。

在这个过程中，瞿秋白不仅是鲍罗廷的翻译，而且也是他推动国民党改组的得力助手。他与鲍罗廷几乎形影不离，即便在鲍罗廷和孙中山频繁的接触中，对推动国民党改组和国共合作起到了重要的作用。1923年12月底，《国民党第一次全国代表大会宣言》草案完成，由廖仲恺、胡汉民、汪精卫、鲍罗廷和瞿秋白组成国民党第一次全国代表大会起草委员会，对草案进行讨论和修改。

那个时段，正是瞿秋白与王剑虹热恋、结婚期间。他在广州与上海之间来回奔波，除了上课，给鲍罗廷当翻译，还要写文章，编党刊。常常在外忙了一整天，晚上还要熬夜继续工作，有时为了赶写文章，他通宵坐在桌前，泡一杯茶，点几支烟，但似乎由于有王剑虹的陪伴，他并不觉得有多累。

新婚半个月，他就到广州参加国民党第一次全国代表大会。而后仍然是聚少离多，但他们的感情却比婚前更浓。

但是这蜜一样的时日,终究是太短暂了!天妒红颜,结婚仅4个多月,多愁善感的王剑虹突然身染重疾。一开始低烧、咳嗽,医生误诊为是怀孕反应,等到确诊是肺结核时,已经病入膏肓,生命垂危。

瞿秋白得知后心头宛若晴天霹雳,他不知所措,却又无能为力。王剑虹的母亲和姐姐都是死于肺病,但是瞿秋白却隐隐怀疑是自己传染给她的,所以他更加地痛苦不堪。他多么想日日夜夜守护在爱人病床前照顾她,却又赶上中央在上海召开扩大会,会议很重要,他必须参加,只好把弟弟瞿云白叫来帮忙照料。会后,他又忙于紧张的工作,搞得焦头烂额,不能常伴她身边,他心中对爱人充满着永远的愧疚。

7月23日,王剑虹病逝。一朵美丽的花朵凋零了。她只活了23岁。他们的婚姻,只有短短的六个多月。她的辞世,给了瞿秋白沉重的一击。他取下家中墙上那张定情照——就是半年多前丁玲从亭子间宿舍墙上取下来送给他的那张——在相片背面题了一首诗,第一句为:"你的魂儿我的心"。这是因为丁玲平时叫王剑虹常常只叫一个字"虹",瞿秋白曾笑说应该是"魂",而瞿秋白总是称呼王剑虹"梦可"——法文"我的心"的译音——这句诗的大意是:爱妻的魂儿升天了,我的心也死了。

他万分难过,深深感到对不起爱妻。

不久,丁玲写出中篇小说《韦护》,通过丽嘉与韦护的爱与怨,暗写瞿秋白与王剑虹的那段短暂却感人的不了情,算是对最好朋友的一份纪念吧。

时隔五十年之后,丁玲回忆道——尽管他们的这段生活是短暂的,但这一段火一样的热情,海一样的深情,光辉、温柔、诗意浓厚的恋爱,却是他毕生难忘的……剑虹在他心中是天上的人儿,是仙女……

巨大的心灵打击,却不能让瞿秋白停下前行的脚步。此时国民党右派掀起反共逆流,作为革命家的瞿秋白只能收起内心的悲伤,他把爱妻的棺木浮厝于上海四川会馆,便匆匆踏上南下广州的航船,用拼命为党工作来冲淡内心的痛……

第四章 生命的伴侣

常州瞿秋白纪念馆里，有一件宝贵的文物———一枚金别针，上面镌刻着七个小字：赠我生命的伴侣。

这是瞿秋白亲手制作的。它代表着他的又一段美好而纯洁的爱情。

这枚金别针属于一个美丽而优雅的女性，她的名字叫杨之华。

杨之华1901年2月出生于浙江萧山县坎山镇三岔路口村杨氏大院。她性情温柔，聪慧活泼，一双大眼睛格外传神。小时候家人叫她"阿猫"。在坎山镇，杨家曾经是当地的首富，后来家道中落，但在本地仍然有些势力。由于家长重男轻女，不让她读书，还要给她缠足，她屡屡反抗，好不容易迫使家长让步。十四岁那年，她终于冲破封建藩篱，进入萧山县二等小学堂读书识字，名字也由"阿猫"变成了"杨之华"。

她有求知的欲望，不想待在死气沉沉、冷冰冰的旧家庭了却一生。因此她抓住机会，刻苦学习，学业上进步很快。

★ 青年时代的杨之华

1916年，她考入浙江省立女子师范学校，希望毕业之后成为一名小学教员，从而自食其力，脱离原生家庭。但是学校那传统的贤妻良母式的培养模式以及封建女性典范的树立和宣传，令她颇感失望与压抑。好在身处大时代，个人的压抑与苦闷是暂时的，不久，五四运动爆发，她与同学张琴秋、王华芬等人向严厉的校规发起挑战，大胆剪发。当一头长发飘然落地，顷刻化为利落、干练的"五四头"时，在思想被热血点燃的时代，杨之华留下了记录她青春光华的第一张剪影。此时的她再也无心留恋女师的那张毕业文凭，她想展翅高飞，于是，一咬牙只身来到上海，她想要找一个去苏俄学习的机会。

在赴苏俄计划搁浅后，杨之华积极努力，考取了上海女子青年体育师范学校（即女师体校）。她思想激进，热爱写作，开始在报纸副刊上发表杂文作品。然而入校不久，因为她积极宣传社会改革思想，带头反对奴化教育而引起校方强烈不满，遂即给了她一纸"开除"令。她不得不再次回到萧山老家。

1921年1月，在萧山老家，她结婚了，对方是从小就订了娃娃亲的萧山名士沈玄庐之子沈剑龙。沈玄庐是一位毁誉参半的历史人物，他曾经和陈独秀联系密切，一同做事，是中国共产党的早期党员，但几年后脱党。他一生娶妻妾多达五个，儿子沈剑龙与杨之华结婚的前一年，他还在与一个女教师谈恋爱。沈剑龙比杨之华小两岁，算是青梅竹马。他从小聪明俊俏，琴棋书画样样在行。正所谓有其父必有其子，他长大后成为风流倜傥的才子。杨之华与他结婚后，发现他沉湎于纨绔子弟的糜烂生活，整天出没于灯红酒绿的场所，乐不思蜀，不听规劝。而杨之华追求进步，向往苏俄，具有革命的理想和气质。可想而知，二人不断产生矛盾冲突。同年11月5日，他们的女儿出生，杨之华给女儿取名晓光——象征拂晓时的光芒之意。

如果说这时的杨之华还对家庭的未来充满一点期待的话，那么很快她就彻底失望了。他们夫妻间感情的裂痕越来越大，夫妻关系名存实亡。杨之华一气之下将女儿的名字改成"独伊"，意思是只生这一个，以此表明她对沈剑龙的怨恨与决裂。

这一时期，得不到家庭幸福的杨之华积极投身社会实践。她参加萧山农民运动，加入社会主义青年团，还在上海的《民国日报》的副刊《妇女评论》上发表了《社交与恋爱》《离婚问题的我见》《谈女子职业》等文章，提出不少精辟大胆的见解；她早期的小说《我不去！叫太太去！》等作品，作为一个弱女子奋力喊出了广大劳动妇女要求自由解放的心声。

1924年1月，也正是瞿秋白与王剑虹忙于结婚的那段时间，杨之华与众多慕名而来的男女青年一起，投考上海大学，她的目标是当时最为时髦的学科——社会学系。她以插班生的身份进入到瞿秋白担任主任的社会学系，就此成为他的学生。但是那个时期的瞿秋白忙里忙外，广州、上海两头跑，对她并没有什么印象。

在上海大学，杨之华是颇惹人注目的，她的相貌在众多的女学生中，出类拔萃；生育过小孩的她，更别有一番韵致。丁玲说她"长得很美",郑超麟说她"漂亮",还有人说她"长得非常漂亮,有上大校花之称"。进入上大之后,宽松的学习环境、如潮的新思维,让她感觉如鱼得水,真是来对了地方,心头的郁闷减轻了许多。她学习很努力,不断为报刊写稿,并且热心参加社会活动,本就是青年团员的她还积极要求入党。时任中共中央妇女运动委员会书记的女革命家向警予,接触过杨之华后,感觉她为人正直、纯朴,工作热情高,所以对她很器重,并且向瞿秋白推荐,认为可以发展杨之华入党。瞿秋白这才开始留意这位女学生。

1924年6月的一天,社会主义青年团上海大学支部通知骨干杨之华说,孙中山先生请来的苏联顾问鲍罗廷和夫人想了解上海妇女运动的一些情况,因为负责这项工作的向警予回湖南了,一时不能赶回,上级便决定由杨之华代为汇报。

杨之华有些发蒙。这太突然了,她对要汇报的妇女运动的情况倒并不陌生,让她感到紧张的是,她的俄语刚学了不久,还达不到会话的程度,她怕自己汇报得颠三倒四,搞砸了咋办呢?

她怀着忐忑不安的心情来到鲍罗廷夫妇的住地。一进门,眼前忽然一亮——瞿秋白竟然在场!

原来,瞿秋白是专为这次汇报做翻译的。这是她在校外第一次接触瞿秋白,可真是大出她的预料。瞿秋白的出现,使她觉得有了依靠,无疑给她吃下一颗定心丸,她心情平静下来了。果然,有瞿秋白做翻译,在他的帮助和鼓励下,她的汇报进行得非常顺利。瞿秋白还忙里偷闲,把鲍罗廷夫人鲍罗廷娜介绍的苏联妇女的生活情况翻译给她听,使她打开了眼界,受到了启发。

那天,瞿秋白给杨之华留下了深刻难忘的印象。而在这之前,她除了认为他课讲得好之外,生活中对他不了解,所以总感觉他是"骄傲的""冷酷的"。有过这次接触后,她改变了对他的看法。她觉得他很诚恳,不但不骄傲,而且很谦虚;不但不冷酷,而且很热情。他的热情,不是浮在表面,而是蕴藏在内心。她对他的敬重,不觉又增加了几分。

有过这一次的接触,杨之华自然也给瞿秋白留下了相当不错的印象。6月24日,在瞿秋白、向警予、施存统等同志参加的上海大学党支部大会上,党支部通过了接收杨之华入党的决定,瞿秋白是她的入党介绍人之一。

此时正值王剑虹病重期间。作为瞿秋白的学生和王剑虹的同学,杨之华还去过他们家,看望和照顾过王剑虹。不久,王剑虹病逝,瞿秋白一度沉湎于痛苦之中,但他很快振作起来,强忍悲痛投入到国共合作的紧张工作中。此时,杨之华那颗饱受创伤的心灵悄悄滋长起对瞿秋白的爱恋之情,而且越来越强烈。一开始瞿秋白或许并不知晓,即使察觉了他恐怕也无心应和,何况那时杨之华还为人妻为人母呢。但随着时间流逝,这对各自心怀创痛而又志趣相投的革命师生,终于还是撞开了彼此的心扉。

接下来发生的一件大事,使二人进一步加深了感情。

10月10日双十节那天,上海大学的中共党组织决定召开一次国庆纪念大会,瞿秋白和杨之华都要参加。会前传来消息:国民党右派勾结了租界当局和地痞流氓,准备到会场捣乱。听到这个消息,杨之华和同学们力劝瞿秋白不要参加,毕竟他树大招风,况且这又不是他非参加不可的会议。瞿秋白沉思之后同意回家暂避。杨之华等人赶到会场,目睹了上海大学进步学生黄仁被流氓们暴打,又被猛推下两米多高的讲台,重伤不起的场面。这便是在当时颇有影响的"黄仁事件"。

杨之华和几个同学把昏迷不醒的黄仁送到同仁医院。同仁医院以伤者过重拒不收治,无奈,他们赶紧又把黄仁送到宝隆医院抢救。

忙活了半天,夜已深沉。杨之华被安排留下来照顾黄仁。她在黄仁的病床前寸步不离,此时的黄仁头盖骨已破裂,脑质损坏,内脏之伤不计其数,正处于弥留之际。过了午夜十二时,夜深人静,一间小小的病室里,只有杨之华和黄仁二人。黄仁躺在小床上,一动也不动。杨之华心中悲痛,她克制着,不断擦去黄仁鼻孔里、嘴角边流出来的鲜血……

正在她孤苦无助的时候,瞿秋白突然出现了。他是放心不下黄仁和杨之华,才不顾夜深急急赶来的。一进门,瞿秋白急切地问:"他怎样了?"

杨之华把医生的话告诉了瞿秋白。他俯下身来,摸摸黄仁的额角,轻轻揭开被子,察看他受伤的身体,并轻声呼唤。黄仁无声无息。瞿秋白难过地摇摇头,沉思片刻,叮嘱了杨之华几句话,答应天一亮就把棺木、寿衣送来,然后,他就出去筹办了。

黄仁被害事件是一根导火索,反映了当时上海大学乃至整个国共合作统一战线左、右派激烈斗争的现实,引起社会强烈反响。上海大学内部因之出现分化，社会学系的共产党员、左派国民党人士反对英文系主任、国民党右派何世桢，英文系右派学生反对社会学系主任瞿秋白，总之，闹得乱糟糟。瞿秋白、何世桢双双辞去系主任一职。

不久，被冠以"上海共产党首领"称号的瞿秋白住所遭到巡捕搜查。当天瞿秋白得到消息，外出躲避了，巡捕房从瞿秋白的宿舍里搜出《向导》等进步报刊，还有他从苏联带回来的俄文图书，于是，下令通缉瞿秋白。

从这时起，瞿秋白转入地下活动，暂避于北四川路的一座三层楼的阁楼。组织上指定专人同瞿秋白进行联系，杨之华是其中之一。有一天，杨之华走进阁楼，把他的书籍被巡捕房焚烧的事情告诉了他。有些俄文书籍是瞿秋白从苏联带回来的，非常珍贵。听闻后，他放下手中的笔，在窄小的房间里踱了一会儿步，停下来，望着杨之华，声音深沉地说："书可以被烧掉，但是，革命的理想是烧不掉的！"

这句话对杨之华是一个莫大的鼓舞。

瞿秋白被迫辞去上海大学的教职后，杨之华也随之离开了上海大学。

也就是在这段时间，他们的爱情果实成熟了。他每天都盼望她来，陪他说说话。她何尝不希望多陪陪他！他们有那么多的话要说。可是，她虽深爱着他，可毕竟还有婚姻的束缚，她不能太放任自己。经过一段时间的思索，她决定回家乡，先跟丈夫离婚再说。本来离婚的念头在她心中已经萌发很久了。

瞿秋白早已知晓杨之华名存实亡的婚姻，曾劝她，既然感情破裂了,而且不可弥补,干吗还要留恋?为什么不挣脱出来?革命革命,我们光想革别人的命,为什么不革一下自己封建保守的命?

笔者反复查阅现有的资料,发现提到这一段时,有两种说法——一种说法是,杨之华认为自己是有夫之妇,如果任由和瞿秋白的感情发展下去,会是危险的,下一步如何是好?她一时没有好办法,想来想去,决定先回萧山老家住一段时间,暂时回避一下和瞿秋白的接触;另一种说法是,二人一同回的萧山,一个回去和沈剑龙离婚,一个到萧山准备与杨之华结婚。大约十年前拍摄的电影《秋之白华》就是按后一种来描述的。

不管是前一种还是后一种,瞿秋白肯定是去了萧山的。据杨之华的妹妹杨之英在《纪念我的姐姐杨之华》一文中回忆,她第一次见瞿秋白是1924年11月,姐姐杨之华同他一同到萧山家中来的时候。当时杨之华决定与沈剑龙离婚,他们来家就是为商议这件事的。瞿秋白给她的印象是文质彬彬,说话斯文,非常有礼貌。他们到家后,立即派人把沈剑龙请来,三个人关在房间里谈了差不多一整夜。临走时,他们说话都心平气和,十分冷静,应该是姐姐杨之华与沈剑龙离婚与瞿秋白结婚的事已经达成协议。

每每读到这里,笔者相信和大多数读者一样,都会感到极为有趣,不由得会心一笑。这可真是一段佳话——原本要大闹一场或者是大吵一架才正常的事,三个年轻人似乎不动声色就达成了协议,这得多么的通脱与豁达。那个让人恨的花花公子沈剑龙,这时也显得蛮可爱了。他们一晚上都谈了

★ 瞿秋白、杨之华合影

什么？没有任何材料可供参考，只能凭读者的想象去弥补了。可以肯定的是，那个无眠的夜晚，三个年轻的当事人都像君子一般，面对面，展开了一场推心置腹、开诚布公的"和平谈判"——他们言语和气，外表冷静，态度友好。其结果是：两情敌成为朋友，两夫妻摆脱婚姻，两情人终成眷属——真可谓：皆大欢喜，留下传奇。

11月18日，瞿秋白和杨之华结婚。他们结婚那天，瞿秋白收到沈剑龙赠送的一张照片，这是一份独特的贺礼，照片上的沈剑龙剃着光头、身着袈裟、手捧一束鲜花——这副装扮即"借花献佛"之意——杨之华是花，瞿秋白是佛，他把"花"献给了瞿秋白。这张照片虽然有点不伦不类，但他真心诚意地祝愿二人幸福，当是不会错的。

此后沈剑龙与瞿秋白、杨之华之间还有过少许来往。杨之华也曾把女儿瞿独伊的照片寄给沈剑龙。据当时在上海大学任教的郑超麟晚年回忆，他的几个朋友到瞿秋白家做客的时候来了一个人。瞿秋白介绍说："这位是剑龙。"瞿秋白同他亲密得如同老朋友。杨之华招待他，她像出嫁的妹妹招待嫡亲的哥哥一般。

他们三人传达给友人的这份感觉的确是独特的，温暖的。

沈剑龙一生结婚三次，由于抗战期间做过伪职，他晚年生活穷困交加，据说一日在河边钓鱼时，不慎掉入河中淹死。这也是无人料到的结局。

前妻去世仅仅四个月不到就再婚，在当时，瞿秋白是顶着很大压力的。无论怎么说，瞿秋白和杨之华的结合是革命的选择，感情是极为真挚的，从他们后来携手走过的十年风雨路,足以佐证他们这时的选择是正确的。

在婚礼上,瞿秋白把那枚亲手制作的金别针献给杨之华。

"生命的伴侣",而不是"生活的伴侣"——一字之差,但其意味深长。

从此,这一信物成为他们革命爱情的见证,伴随杨之华走过了风风雨雨几十年的历程。

那段时间,瞿秋白还精心刻了一枚印章,把他自己的名字和杨之华的名字融为一体——"秋之白华"——你中有我、我中有你,巧妙结合在一起,以示永不分离。这枚印章后来不知流落到何处,再也不见。但"秋之白华"的称谓却在他们那一代的同志、战友间流传。新中国成立后,聂荣臻元帅有一次告诉瞿独伊,当年在上海搞地下工作时,他们给瞿秋白、杨之华写信,抬头就用"秋之白华"。1928年,瞿秋白、杨之华到莫斯科参加中国共产党第六次全国代表大会,在那里留下了几张合影,他们将其中一张送给周恩来和邓颖超,照片背面写着"亲爱的恩来、小超同志惠存",落款亦为"秋之白华"。

"秋之白华"是属于他们二人的,永远不会消失。

然而婚后的杨之华却感到异常苦恼,甚至不堪回首。最要命的是,沈家断绝了杨之华与女儿瞿独伊接触的途径,不允许她去看望女儿。作为一个母亲,她痛苦极了。她渴望见到亲爱的女儿,做梦都想见她。瞿秋白很理解她的心情,想尽一切办法安慰她,并且安排她回过一次萧山,偷偷见女儿一面。女儿是杨之华最大的心病,不解决这个问题她会崩溃,瞿秋白不久又亲自陪她回萧山,试图把孩子接出来,但是没有成功。回上海的路上,瞿秋白为此还落了泪。

后来经过不懈努力,在好心人的帮助下,瞿独伊终于来到母亲身边,一家三口终于团圆。他们此时的新家与好友沈雁冰(茅盾)为邻。茅盾时任中共商务印书馆党支部书记,与瞿秋白关系密切。茅盾的夫人孔德沚与杨之华又是上海大学的同学,孔德沚入党,杨之华还是介绍人,因此,两家的关系是没得说。两家的女孩都在商务印书馆办的幼儿园就读。茅盾曾经为瞿独伊和自己的爱女沈霞(亚男)拍过一张合影,作为那一时期的珍贵纪念。

瞿秋白虽有过两次婚姻,却没有生下自己的孩子,他不仅把养女瞿独伊视为己出,而且胜过亲生,这是杨之华和女儿一生的精神慰藉。瞿秋白无论在杨之华和女儿或其他人面前,总不使人感到瞿独伊不是他亲生女儿。瞿独伊从小没有感到瞿秋白不是自己的亲爸爸。不知从哪一天起,她称呼瞿秋白为"好爸爸",而且一辈子没有改变这个称谓!

> 好独伊,亲独伊!小小的蓓蕾,含孕着几多生命,陈旧的死灰,几乎不掩没光明。看那沙场的血花灿烂,经过风暴之后的再生,谁道是无意中的赤化?却是赤爱的新的结晶。

这便是瞿秋白写给女儿瞿独伊的诗。作为一个父亲,一个"好爸爸",瞿秋白是当之无愧的。

1928年至1930年期间,"秋之白华"第一次共赴苏联工作,7岁的瞿独伊跟随父母来到莫斯科,她也成为中国

★ 1925年，瞿秋白与女儿瞿独伊、茅盾之女沈霞在上海

共产党第六次全国代表大会上年龄最小的到访者。她清楚地记得，休会期间，"好爸爸"带她到野外玩，采集各种野花，和她一起漫步在葱绿的草地上，兴致勃勃地逗她玩耍嬉笑……这些给她的童年留下许多美好的回忆。

中国共产党第六次全国代表大会之后，瞿独伊进了一所远离莫斯科的儿童院学习，从莫斯科赶过去要坐一夜火车。"好爸爸"和妈妈只要有空，就相伴坐一夜火车到那个名叫依凡城的小城市看望她，给她带各种吃的玩的。"好爸爸"肺病发作住院期间，还不忘给瞿独伊写信。其中一封信上写道——

小独伊：
　　你会写信了，——我非常之高兴。你不病，我欢喜了。我很念着你。我的病快要好，过三个星期我要回莫斯科，那时要看你，一定来看你。我的小独伊。再见再见。

好爸爸

字里行间，充满着深深的爱意。童年的瞿独伊因为有这个好爸爸，她是幸福的。

无论在瞿秋白纪念馆，还是在有关书籍里面，笔者都能看到他们一家三口的合影，是那样地温馨，那样地和谐，那样地令人艳羡。

1930年7月，瞿秋白与杨之华准备回国，考虑到当时国内严酷的白色恐怖，决定将9岁的瞿独伊留在苏联的国际儿童院,并托付给鲍罗廷夫妇代为照料。杨之华到儿童院与女儿告别时,瞿秋白因为事情太忙不能前来。想到与瞿独伊的分别,他竟当着杨之华的面流泪了。杨之华把这个细节告诉瞿独伊,她当时却不理解这意味着什么,实际上,那就是她与父亲的永别,从此,她再也没有见到过"好爸爸"。

瞿秋白最后一次提到瞿独伊,则是在他的绝笔《多余的话》中:"我还留恋什么?这美丽世界的欣欣向荣的儿童。我的女儿,以及一切幸福的孩子们,我替他们祝福。"

瞿秋白牺牲后,杨之华为他做过很多事情,有一件事情令我们久久感动——杨之华对待王剑虹的态度。

杨之华非常珍惜瞿秋白留下的书信,包括瞿秋白和前妻王剑虹的来往书信,因为那是他内心情感最真实的流露。她将这些书信同瞿秋白写给自己的信件放在一起,悉心收藏。杨之华说过:"我为什么把秋白与已故爱人的书信也放在一起呢?……因为她是我爱人的爱人!我的性情,凡是秋白好朋友,我都出于本能的发生好感而尊重。"

瞿秋白牺牲后,她又写道:"我现在无限的痛苦中,回忆着她(指王剑虹)和他的生前事,读着她和他生前的日记和书信,这都是现实生活的过去,这都是爱之诗意,也都是思想之谜语。他俩的结合虽仅半年,然而半年的甜苦滋味在遗笔中一一存在着。我含泪提笔将它一字不改地照原文录下,以做纪念。"

从这个意义上说,王剑虹和杨之华一样,都是瞿秋白生命的伴侣。

后来这些书信、诗文、日记等收录在各种纪念瞿秋白的作品中。这些书信是如何保存下来的呢？杨之华从未透露过，瞿独伊和自己的女儿也不得而知。从他们结婚算起，经历如火如荼的大革命，经历腥风血雨的白色恐怖，经历国民党反动派的追捕，经历远赴异国他乡的艰危……瞿秋白牺牲后，杨之华再赴苏联，回国奔赴延安途中遭反动军阀逮捕，身陷囹圄四载。而后经历新中国成立后的风云变幻……可是，这些宝贵的资料居然大都保存了下来。

杨之华是如何保存它们的呢？这本身就是一个值得书写的故事。说是奇迹，也不为过。

第五章 书生领袖

列宁逝世一周年前夕，1925年1月11日至22日，中国共产党第四次全国代表大会在上海召开，会场设在闸北广东路背后铁路边的一幢三层楼的弄堂房子，四周地形开阔，四通八达，便于疏散。外地代表住在三楼，睡在地板上；二楼是会场，布置成课堂样；一楼是堂厅，人员进出均走后门，楼梯口装有拉铃，一旦有情况，保卫人员拉铃通知楼上，以便代表们有时间收起文件，拿出早已备好的英文书籍——对外称这里是寒假私人英语补习班。

这是瞿秋白第二次参加党的代表大会。大会通过的政治决议案，第一次明确提出无产阶级领导权的问题。这是中国共产党对中国革命问题认识的重大进步。中国共产党第四次全国代表大会选举产生新的九人中央执委会，瞿秋白当选，这表明他第一次进入中共中央决策层。其中陈独秀、彭述之、蔡和森、张国焘、瞿秋白组成五人中央局——瞿秋白担任中央宣传部委员，主要是加强党的高层次宣传工作和理论建设，以此指导全党。

1925年3月12日，一代伟人孙中山先生不幸在北京病逝。根据共产国际和中共中央指示精神，瞿秋白接连撰写《孙中山与中国革命运动》等三篇有分量的文章，以"双林"的笔名发表，充分肯定孙中山在中国近代、现代史上的历史地位，认为他是中国国民革命的象征，着重突出他联俄、联共、扶助农工和改组国民党的历史功绩。他也成为孙中山逝世后从政治层面评说孙中山的第一位共产党人。

孙中山钦佩充满朝气的共产党人，认为他们投身革命纯粹是为了政治信仰而非为了争权夺利，更非为了升官发财。孙先生在世时，国民党右派分子就不断公然挑衅和攻击共产党人，甚至责难他，主张与共产党"分立"。孙中山因病去世，举国悲痛，军阀政客们幸灾乐祸，本就一盘散沙的国民党内部迅速发生分裂，那些新的右派势力反共气焰十分嚣张。孙中山的去世对中国革命和中国共产党，乃至对中华民族命运的影响是巨大的。

随后发生的一系列重大事件，证明了这一点。

就在这时，爆发了历史上有名的五卅运动。

1925年2月，在上海的日本纱厂肆意虐待和盘剥中国工人，引起工人强烈不满。上海的中共党组织成立了罢工委员会，组织领导工人进行罢工游行。后在日本海军陆战队和中国军警的威逼下，被迫复工。5月初，上海日本纱厂强行取缔工会，引发二次罢工。15日那天，日本资本家命令监工向手无寸铁的工人开枪，共产党员顾正红牺牲。事情顿时闹大了，在中共组织领导下，反对帝国主义的斗争推向了更高阶段，上海各界举行了声势浩大的示威游行。5月30日那天，英帝国主义竟然命令巡捕向游行群众开枪，当场打死游行群众13人，重伤多人，逮捕40多人，瞿秋白的弟弟瞿景白也被捕了。这就是著名的五卅惨案。很快，工人罢工、学生罢课、商界罢市的风潮在上海兴起，并迅速席卷全国。

惨案发生的第二天，5月31日，中共中央举行紧急秘密会议，陈独秀、瞿秋白、蔡和森、李立三、恽代英、罗亦农等人参加，会议决定由蔡和森、李立三、瞿秋白、刘少奇等人组成行动委员会，领导开展这次反帝斗争；还决定出版一份报纸，以指导五卅运动，由瞿秋白担任主编。

这个时段，郑振铎、胡愈之、叶圣陶、沈雁冰等文化界人士因"激于上海各日报之无耻与懦弱，对于如此惨酷的足以使全人类震动的大残杀案，竟不肯说一句话"，故专门创办一份《公理日报》，"以表达我们万忍不住的说话，以唤醒多数的睡梦中的国人"。

瞿秋白为这些老朋友的爱国举动感到高兴，同时又觉得《公理日报》报名太温和。于是他说："这个世界有什么公理呢？解决问题的，只有热血！"

仅仅几天后，6月4日，瞿秋白亲手筹备创办的中共中央机关第一张日报，以响亮的《热血日报》为报名，正式面世。报纸的报头为瞿秋白亲笔题写，发刊词也出自他的手笔。它无情揭露了帝国主义的血腥罪行和军阀政府的卖国行径，尖锐地批判了对帝国主义实行退让妥协的谬论，更加激发起全国人民反对帝国主义的热潮。它一问世就受到极大欢迎，发行量没几天就达到三万份，超过了《公理日报》。除了瞿秋白，编辑部的其他三个人是郑超麟、沈泽民、何味辛。瞿秋白既是主编，又是主要撰稿人，他是最忙最辛苦的人，他写了大量的专论及短评，尤其是每天的社论大部分为他所写。他每次写社论之前，都要与陈独秀交换意见，商量并决定社论的内容。直到6月27日租界巡捕房查封报社时，报纸一共发行24期。时间虽短，但完成了指导五卅运动的历史使命。瞿秋白出色地完成了党中央交给他的任务，为中国现代革命史和新闻报刊史写下光辉的一页。

7月的一天，杨之华前往国民党上海执行部妇女部办事，进入办公楼后，她发现走廊上、办公室里到处都堆放着一捆捆小册子，封面上印着《国民革命与中国国民党》，著者戴季陶。杨之华回家后把看到的情况告诉了瞿秋白。

戴季陶早年留学日本，参加同盟会，积极追随孙中山。1919年6月初，他与杨之华的前公公、沈剑龙的父亲沈玄庐等人创办《星期评论》，这是五四运动后创刊的第一个具有全国影响力的革命刊物。作为主编，戴季陶对马克思主义早期在中国的传播，是有贡献的。1925年的戴季陶在孙中山逝世以后，其右派嘴脸日益显现。在五卅运动后，他抛出两本小册子，除了上面提到的那本，另一本是《孙文主义之哲学的基础》，印刷数量多达十几万份，还译成几种外文，遂使所谓的戴季陶主义出笼——他打着孙中山的旗号，反对孙中山的革命思想，鼓吹"纯正三民主义"，提出建立一个具有独占性、排他性、统一性、支配性的资产阶级政党。他反对马克思主义，反对阶级斗争，反对共产党。这立即受到国民党新老右派的欢迎，被奉为权威理论，成为国民党内部反共势力集结的旗帜；但对于共产党而言，危害性极大。

紧接着到了8月，国民党左派领袖廖仲恺在广州被刺身亡，国民党右派从思想理论到实际行动两个层面开启了反对国共合作的大幕。面对国民党右派咄咄逼人的攻势，在中共中央的一次会议上，分管宣传工作的瞿秋白主张反击，批判戴季陶主义刻不容缓。但是陈独秀等人对戴季陶主义危害性认识不足，认为对这两个小册子不必太在意。瞿秋白和任弼时等人据理力争，会议决定反击戴季陶主义，并委托瞿秋白写批评文章。

时值酷暑，上海的天气非常闷热，瞿秋白夫妇当时居住的是一间很小的房间。瞿秋白脚下放上一盆凉水，光着膀子研究戴季陶的文章和其他资料，或者伏案写作，身上都是汗水。写不下去了，就在小房间里一小块空地上踱来踱去，或者坐在椅子上吸烟，他的烟瘾越来越大了，有时夜里要吸一包。他早就患上肺病，吸烟的危害比平常人更大，医生嘱咐他绝对不能吸烟，最起码少吸一点。可他一写文章，或者思考问题时，就顾不上这些了。他还习惯咬笔杆——他用的每支笔到后来笔端都被咬得粉碎。这些都是他写文章时常有的状态。

杨之华从外面回来，为他挥扇驱暑，劝他别太累了，一定要注意休息。他笑笑说："别看我身体弱，做体力活不一定行，但写几篇文章还是够用的。"

瞿秋白最为著名的《中国国民革命与戴季陶主义》就是这时候写就的。据杨之华回忆，他思考成熟后，就动起笔来，写得很快，衬着复写纸一口气写下去，一写就是两份，写得很整齐、很清楚。他写过的很多文章页面都是这样清楚,就像他为人爱干净、做事有条理一样。

这篇著名的万字长文从时局、革命形势、国民党和共产党对于国共合作的种种主张等十个方面,对戴季陶之流的政治阴谋进行了深刻揭露,批判了国民党右派的政治图谋。文章最后写道:"中国国民革命运动能发展,只有两条路,一、注重工农阶级的阶级斗争,以无产阶级引导一切革命阶级前进;二、侧重资产阶级的利益,讲'中庸''调和''统一'而反对阶级斗争,其结果是为买办阶级的力量所利用,完全到右派及帝国主义一方面去。对于戴季陶、知识阶级、小资产阶级,甚至于真正之民族的资产阶级,都只有一个出路,就是在这两条路中挑选一条:或者革命,或者反对。"

这篇文章的论调是非常犀利和正确的,充分显示了瞿秋白是一个政治上的清醒者。遗憾的是,在中共试图继续促进国共合作的1925年,《中国国民革命与戴季陶主义》一文并未受到全党的高度重视,党内主要领导人思想上的麻痹,导致中共在和国民党右派的较量中始终处于下风。从11月国民党右派"西山会议"的召开,到次年3月蒋介石一手炮制的"中山舰事件"爆发,直到1927年的四一二反革命政变,国民党右派已经从党政军三个方面夺得大权,进而破坏国民革命。中共中央按照共产国际的指示,反击与退让错综交织,但以退让为主,最终共产党内部右倾思想发展为投降主义,给了共产党人血的教训,最终导致大革命的失败。

时间进入到1927年。1927年是历史的分水岭,这一年发生的事件后来改变了中国。

这年1月，瞿秋白于病中开始将自己从1923年1月到1926年12月初所撰写的几乎所有重要政论文章编撰成册，定名为《瞿秋白论文集》。短短四年间，他在报刊上发表的政论文章有200多篇，100多万字，可见他的勤奋。他在自序中说：他的著作是想要利于革命的实践的，而并非想"藏之名山，传诸其人"的。

论文集共分八大类：一、中国国民革命的问题，二、帝国主义与中国，三、买办阶级之统治，四、国民会议与五卅运动，五、北京屠杀后国民革命之前途，六、世界社会革命的问题，七、马克思列宁主义的理论问题，八、赤化漫谈。总之，它是瞿秋白归国后实践马克思主义之中国化的集大成著作，既是代表了当时党的马克思主义理论水平，又是瞿秋白作为中共党史上杰出的马克思主义理论家的重要佐证，也说明他的革命思想和理论研究，已经日臻成熟。

1927年，对于共产党人来说，历史的天平正悄然发生着致命的倾斜，瞿秋白——这位年仅28岁的文弱书生，即将临危受命，奋力成为同样年轻的共产党队伍的掌舵人。

1926年年底，随着北伐军捷报频传，节节推进，武汉成为国民革命的新中心。在国民政府和国民党中央党部机关北迁汉口的同时，中共中央决定在汉口成立汉口临时委员会，负责人为张国焘。1927年3月，瞿秋白奉命来到汉口，成为汉口临时委员会委员之一，与张国焘一起主持中共中央在汉工作。

瞿秋白一到汉口，就感到处于革命高潮中的武汉，实际上潜伏着严重的危机，如明里暗里的反动派对正在席卷湖

★ 1927年，瞿秋白在汉口中共中央办公室门前

南、湖北地区的农民运动猖狂攻击。为了回击反动派对以湖南为中心的农民运动的污蔑，同时也因为敏锐地察觉到农民运动的极端重要性，毛泽东于年初回湖南农村考察，历时32天，写出《湖南农民运动考察报告》，首先在中共湖南省委机关刊物《战士》周报连载。他随后呈送中共中央。但是，3月间，中共中央机关刊物《向导》周报只在191期发表了前半部分，便停发了。

瞿秋白感到很奇怪。这篇文章瞿秋白看过全文后，很是钦佩和赞同。他与毛泽东相识于1923年，后来又一同出席国民党第一次全国代表大会，在上海为推动国民党改组一起工作过；1926年年底，他们一同参加中共中央汉口特别会议。别人都盯着城市和工人，毛泽东盯着农村和农民，正是汉口会议之后，毛泽东才回湖南农村考察的，他认为这是革命的新方向。2月，瞿秋白也曾提出必须"彻底解决土地问题""非此决不能保障中国革命之彻底胜利"。他一打听《向导》停发的原因，原来是陈独秀认为，湖南农民运动"过火""动摇北伐军心""妨碍统一战线"。既然陈独秀不满，那么，中央负责宣传工作的彭述之便立即下令《向导》停发。

瞿秋白明白，陈独秀、彭述之这样做的原因，他们害怕这篇文章发出去，会进一步激起农民的反抗热情，如此会冲击到国民党和部分国民革命军军官的既得利益，破坏国共合作，引发国民党方面的不满。

但是，连这样的文章都不敢发，还革什么命？

瞿秋白不甘心，决定利用自己在汉口临时分管宣传的机会,指示党领导下的长江书局抓紧出版该文章全文单行本,并将书名改为《湖南农民革命(一)》。瞿秋白本来计划以此为契机,连续出版几本类似的文章,却由于局势很快发生变化而最终作罢。

这是毛泽东《湖南农民运动考察报告》这篇历史文献的第一个单行本。如果没有瞿秋白的努力,它在当时很可能出不来。瞿秋白还亲自为这本小册子写了序言,里面有这样几句有分量的话——

> 中国农民都要动手了,湖南不过是开始罢了。
> 中国革命家都要代表三万万九千万农民说话做事,到战线去奋斗,毛泽东不过开始罢了。中国的革命者个个都应当读一读毛泽东这本书,和读彭湃的《海丰农民运动》一样。

由此可见,在当时的中共中央负责人中,瞿秋白是彭湃、毛泽东从事农民运动的最坚定的支持者。

瞿秋白与陈独秀对待《湖南农民运动考察报告》的态度,不过是这一时期他们政治主张产生分野的一个侧面而已。历史早有定论,党的最高领导层,尤其是中共主要负责人陈独秀对资产阶级一味退让妥协的右倾机会主义,是大革命失败的主要原因之一。此前,瞿秋白对陈独秀、彭述之等人的做法早有不满,但考虑到陈独秀是党内一把手,威望高,出于维护党的大局,他一直隐忍着,尽力克制——何况本来他就不是一个攻击性强的人,他温和的性格决定了他不想与任何党内同志为敌。

可是,他到底还是忍不住了。多年来,他在陈独秀身边,和他接触的机会非常多,一直在他的指导之下工作。陈独秀是个性情中人,很乐意为朋友鼎力相助,但是好走极端,一旦违背了他的意愿,便态度严峻。他的这种作风,没少让瞿秋白吃苦头。小事也就算了,瞿秋白渐渐发现,随着革命运动的发展,他与陈独秀、彭述之之间在有关革命的领导权、农民问题等一系列重大事情上有着原则性的分歧,他想正确解决这些问题,想在理论上对中国革命的一些基本问题进行论述和澄清。于是在2月、3月间,瞿秋白就开始抱病撰写批评陈独秀、彭述之右倾主义错误的小册子《中国革命中之争论问题》。他没有直接点陈独秀的名,把火力直接对准党中央宣传部部长彭述之——在陈独秀眼里,彭述之是他最得力的助手。

彭述之早年毕业于北京大学,与刘少奇等人赴莫斯科东方大学学习,是中共莫斯科支部负责人之一;中国共产党第四次全国代表大会上,他当选为五人中央局成员之一,任中央宣传部主任。他很自负,只知投陈独秀所好,处处维护陈独秀,同时挟陈自重,动辄说:老先生(陈独秀)的意见同我一般。

文章写好后,瞿秋白决定在即将召开的中国共产党第五次全国代表大会上拿出来。

瞿秋白到武汉不久,便传来上海工人第三次武装起义胜利的消息。这是共产党为了配合北伐军进攻上海而采取的重大行动,起义推翻了军阀的反动统治,新军阀蒋介石不费一枪一弹，进占他渴望已久的上海。但是蒋介石并不感谢共产党和陈独秀，他用屠杀和镇压来"报答"把大上海交到他手中的共产党人和工人兄弟。这便是1927年最重大的事件之一——四一二反革命政变。

消息传到武汉，瞿秋白震惊不已，他痛心地说："党内一部分人对蒋介石抱有幻想，一味对蒋迁就，最后竟发展到命令上海的工人放下武器，解除武装，这无异于将赤手空拳的上海工人送到蒋介石的屠刀下，任敌人宰割！"

6天之后，蒋介石在南京另立国民政府，第二天便发布通缉令，通缉鲍罗廷、陈独秀、瞿秋白、谭平山、周恩来等近二百名共产党首要人物、国民党左派及其他著名社会活动家。南京政府与武汉国民政府相敌视，又分别与中国东北和北方军阀集团相对抗，因此中共在武汉暂时保留了公开活动的可能性。

四一二反革命政变后，4月27日，中国共产党第五次全国代表大会在武汉召开。这是一场面对生死危机的大会，也就注定是一场无比艰难的大会。出席会议的正式代表80多人，代表全国五万多名党员，这已经是中国共产党第一次全国代表大会以来规模最大的党代会了。陈独秀做了长达6个小时的政治报告，东拉西扯，拖拖拉拉，却并不检讨以他为首的中央所犯的错误，对当前严峻的形势缺乏清醒的认识，对下一步如何走也没有明确的措施。非但如此，他还为自己的右倾主义错误进行辩解，坚持他的右倾主义理论，反对深入开展土地革命，反对大力武装农民，反对建立农民革命政权。

★ 1927年4月28日,瞿秋白与杨之华在湖北武昌第一小学。这里举行了中国共产党第五次全国代表大会开幕式。照片上文字系瞿秋白亲笔书写代表们对这个报告普遍不满意。

大会第二天，每个代表的座位上都放着瞿秋白撰写的那本厚厚的册子——长达七万六千字的《中国革命中之争论问题》。这是瞿秋白精心选择的出手时机。这篇长文的锋芒虽然对准的是彭述之，一共列出17条彭述之的右倾主义错误。但是代表们都能看出来，实则是问责陈独秀。

文章尖锐地指出："我们的党是有病。凡是有病的人，如果讳疾忌医，非死不可。而我们党的第一种病，便是讳疾忌医。"

瞿秋白的意思显然是，陈独秀不敢，也不想承认自己的错误。

彭述之反击道："你这是找机会逞能。如果是这样，那你们就判处我政治死刑，或者五年政治监禁。"

在场的共产国际代表鲍罗廷、维经斯基等人本着息事宁人、和稀泥的态度，轻描淡写地平息了这次争端。

实在说，瞿秋白的《中国革命中之争论问题》小册子没有产生预期效果，与会者也没有展开热烈讨论——何况陈独秀主持会议，他不会让代表们讨论。

眼见意识到的问题不能解决，瞿秋白感到苦闷和焦虑。他在武汉时期主张"进攻"，反对一味妥协退让。他在这本册子中批判陈独秀的"二次革命论"（即放弃第一次民主革命阶段的领导权，等待第二次无产阶级革命再夺取领导权），事实很快证明都是对的。可是在陈独秀等人面前却处于"孤立"状态，得不到众人支持。其中原因之一，在他们心目中，也许他只是个年轻的一介书生，只有空泛的理论，没有经过铁与血的残酷斗争。他下了很大功夫写就的《中国革命中之争论问题》得不到与会者共鸣,让他感到非常失望。

瞿秋白有心改变,却无力回天。就这样,在中国共产党第五次全国代表大会上成为众矢之的的陈独秀,既无人喝彩,却又无人替代。

事实上,瞿秋白这一段时间挑头批右倾主义错误,为他不久以后接替陈独秀还是起到了一定作用。

大革命后期的危急关头,中国共产党第五次全国代表大会注定难以承担挽救革命的重任。

大会开幕的第二天,4月28日,在千里之外的北京,中国共产党主要创始人之一的李大钊被张作霖绞死。

四一二反革命政变和李大钊被害,发生在同一年的同一个月内。面对两大噩耗,瞿秋白心情极为沉痛和悲怆,他连连哀叹:"我们太幼稚了!这一着棋,输给了蒋介石。我们对不起上海工人阶级,我们对不起牺牲的同志。血的教训,太沉痛了!"

他一面追思李大钊"为人民革命而死,死的光荣",一面反思自己作为中央局核心成员的第一线斗争的经验还是太少。他意识到单是读了几本马克思的书,干不好革命。

5月9日,中国共产党第五次全国代表大会闭幕。随后瞿秋白在五届一中全会上当选为中央委员、中央政治局委员。杨之华也被选为中央委员。6月3日,瞿秋白又补入政治局常务委员会,主管中央宣传部。其他四名常委是陈独秀、张国焘、蔡和森、李维汉。陈独秀仍然当选为总书记。这都是在共产国际代表团的指导下做出的决定。

7月15日，汪精卫控制的武汉国民党中央召开"分共"会议，决定同共产党决裂。随后，大肆逮捕、屠杀共产党人。国共两党合作发动的大革命由此宣告失败。从此，中国进入长达十年的土地革命战争时期。

瞿秋白见证了大革命的兴起和失败，在历史的漩涡中，他是痛苦而无奈的。离开武汉前，一天傍晚，心情沉重的他找到当时在中央宣传部工作的幼时好友羊牧之，对他说："在武汉的日子不会长了，咱们去黄鹤楼走走吧。"

登上黄鹤楼后，面对着烟波浩渺、白浪滚滚的东去洪流，两人心情都很激动，瞿秋白情不自禁地吟诵崔颢的那首著名的七言律诗《黄鹤楼》，感慨万千道："千百年来，多少文人雅士、英雄豪杰，都似江流一去不复返了！安知几十年后，我们又何尝不是如此啊？但去要去得有价值！"

历史的滚滚洪流，就这样滔滔不尽地涌来又涌去……

中国大革命的失败牵动着莫斯科的神经。斯大林把中国大革命失败的责任一板子打到中共中央和陈独秀头上。7月12日，鲍罗廷宣布共产国际的决定，改组中共中央，成立临时中央政治局常委会（以下简称"临时中央"）。临时中央由张国焘、周恩来、张太雷、李维汉、李立三组成；停止陈独秀在中央的领导工作；陈独秀、谭平山去莫斯科讨论中国革命问题；瞿秋白、蔡和森赴海参崴办党校（后两项最后都未实行）。

从此，陈独秀黯然离开中央，逐渐走向另一条政治道路。

大革命失败，走到这一步，实际上，很大程度，中共中央都是遵照共产国际的指示进行的，也就是说，共产国际也应该承担责任。那几天，瞿秋白与鲍罗廷议论过，鲍罗廷认为，不能让共产国际承担这个失败的责任，因为莫斯科威信的丧失，将会影响世界革命，也会助长托洛茨基攻击斯大林的气焰。为了使共产国际今后能够领导世界革命，中共中央只有挺身而出，来担起这个失败的责任。陈独秀被指定下台，便是这种考量的必然结果。当然，作为总书记，他确实已经难以继续领导中国革命，也必须负主要责任。

7月13日，瞿秋白陪同鲍罗廷秘密上庐山，商讨一系列"善后"事宜。20日，李立三和邓中夏代表临时中央上庐山找鲍罗廷汇报：临时中央建议在南昌举行武装暴动。瞿秋白当场激动地说："我们早就应该这样干了！我们已经压抑得太久了！也许这次暴动会给我们带来新的希冀。"

鲍罗廷冷静地提出，如此重大的行动要请示莫斯科。

在这个关键时刻，7月23日，罗明纳兹受莫斯科委派，作为共产国际的全权特使，带着助手德国共产党党员纽曼，以基督教徒的身份作掩护，风尘仆仆来到武汉，接替鲍罗廷指导中共。此前两天，鲍罗廷就安排瞿秋白返回汉口迎接。罗明纳兹到达的当天晚上，就找瞿秋白、张国焘二人谈话，了解情况，传达共产国际的指示。罗明纳兹只有29岁，谈话时态度严厉，盛气凌人，甚至是粗暴恶劣，"钦差大臣"派头十足。他把大革命失败的责任一股脑全推到中共中央和陈独秀头上，令张国焘十分反感。瞿秋白也感到颇为失望，向张国焘表示，不知道共产国际为什么派这么一个少不更事的代表来。第二天，经过瞿秋白与罗明纳兹再一次单独交流之后，后者态度冷静下来，但重申中国同志要绝对拥护、服从共产国际，要求立即召集会议，正式改组中央。

这里要说到共产国际了。

五四运动爆发之前，1919年3月上旬，共产国际第一次代表大会在莫斯科召开，出席会议的52名代表来自欧、亚、美三大洲21个国家的35个政党和团体，列宁出席并做报告。大会通过《共产国际行动纲领》，决定建立"第三国际"，定名"共产国际"，这是马克思、恩格斯创立的第一国际和恩格斯创立的第二国际革命传统的继续和发展。各国共产党作为它的支部，并受其领导。中国共产党第二次全国代表大会决定正式加入共产国际。

共产国际早期的文件和指示精神，都出现在瞿秋白所译介的《世界的社会改造与共产国际》等文章中，并作为中共党内宣传和教育的重要教材。共产国际对中国早期革命的影响是巨大的，这也是幼年时期的中国共产党所需要的。应该承认，共产国际在相当一个时期对中国革命的指导是有贡献的，但也带来很多的问题，尤其到后期，简直是灾难性的。说到底，共产国际为苏联所掌控，指挥棒在莫斯科手上，其最终目的必然是为苏联利益，这也是不言而喻的。到了1943年，共产国际才正式宣告解散。

共产国际对于中国共产党的影响，毛泽东后来曾有一个说法，说它是"两头好，中间差"。

瞿秋白在其短暂的一生中与共产国际结下了不解之缘，他与马林、鲍罗廷、维经斯基，以及罗明纳兹、米夫的关系，构成了他生平中的重要内容，也成为本书写作的重点之一。

"中间差"的这一段，让瞿秋白先赶上了。不过，罗明纳兹的到来，还是使瞿秋白迎来自己一生中最闪光的时刻。

鲍罗廷派瞿秋白迎接罗明纳兹，既是落实鲍罗廷安排的"善后"工作，也是完成共产国际驻中国代表的新老交替工作——这是中共党内其他人无法替代的历史性桥梁工作，也是瞿秋白本人历史性的机遇。充分了解信任他的鲍罗廷把这个机遇留给了他。

罗明纳兹是格鲁吉亚人，早年参加革命，在共产国际和联共（布）党内，因为坚决拥护斯大林对托洛茨基、季诺维也夫的斗争，受到斯大林赏识，被委以重任，派到中国接替老资格的鲍罗廷。

7月21日，瞿秋白被补为临时中央常委。在罗明纳兹的提议下，7月25日，临时中央在汉口开会，瞿秋白、李维汉、张太雷和罗明纳兹等人与会。此时莫斯科已经回电，基本同意八一南昌起义。会议决定派周恩来前往南昌，担任前敌委员会书记，组织领导起义。这是一个十分重要的决定。8月1日，共产党人在南昌打响武装反抗国民党反动派的第一枪，从此，中国共产党迈入独立革命的时期，中国革命的画卷从此将以另一种方式展开。南昌起义被瞿秋白誉为"真正的奋斗"。

罗明纳兹来华的首要任务不是组织起义，而是立即召开中央紧急会议，传达共产国际最新指示，清算陈独秀的右倾主义错误，选举新的中央领导班子。瞿秋白同张太雷、李维汉一起协助罗明纳兹筹备即将召开的紧急会议。会议原定7月28日召开，因为外地代表不能到达等原因推迟到8月7日。

起草文件是会议筹备工作的一项重要内容。在着手筹备会议的过程中，瞿秋白所做的一个重大贡献就是参与起草和翻译《中共八七会议告全党党员书》。这个文件先由罗明纳兹起草，因为他不了解中国情况，仓促上阵，里面有很多错讹之处，瞿秋白需要反复和他商量修改、更正。会议前夕，瞿秋白彻夜工作，李维汉回忆说："八七会议的前一天晚上，我是在瞿秋白家里，瞿秋白在那里翻译告党员书……直到8月7日的清晨，瞿秋白还在翻译。"

在武汉最炎热的季节，中共党史上具有重大意义的八七会议在敌人眼皮子底下悄悄召开了。会场设在汉口三教街41号（现鄱阳街139号）二楼。这是1920年英国人修建的三层公寓，被称为怡和新房，专门租给外国人居住。二楼会场仅有20多平方米，陈设简单。由于时间太紧，很多外地代表不能赶来，29名中央委员只有10人到会，11名中央候补委员只有3人到会，其中就有毛泽东。会议正式代表21人。陈独秀当时在武昌，但没有通知他参加。与会者都被告知，万一反动军警闯进来，就说在这里开股东会议。出于安全考虑，会议从上午开到晚上，在一天内结束。邓小平作为工作人员——他当时叫邓希贤，是中共中央秘书处负责人，负责会务工作。他是第一个来会场的，又是最后一个离开的。

会议由瞿秋白、李维汉主持。实际上唱主角的是罗明纳兹和瞿秋白。罗明纳兹做报告，瞿秋白翻译，之后又代表临时中央报告关于今后的工作方针。这次会议是中共在面临建党以来最严重的危急关头召开的一次极其重要的会议，它确立了党的总策略：第一，中国共产党独立革命；第二，将实行土地革命确定为党的总方针；第三，决定以武装斗争夺取革命政权。

这些都是划时代的决策，是历史性的伟大转折，由此掀开了中共党史崭新的一页。

会议还决定，由提出"须知政权是由枪杆子中取得的"的毛泽东以中央特派员身份回湖南领导秋收起义。

两天之后，瞿秋白主持召开临时中央政治局第一次会议，经罗明纳兹提议，选出了瞿秋白、李维汉、苏兆征，组成临时中央政治局常委会，实行集体领导。由于瞿秋白与罗明纳兹联系紧密，加之他作为临时中央政治局常委中的第一负责人，由他来抓全局工作，实际上成为并无总书记头衔的"总书记"。李维汉后来回忆说："为什么大家都推选瞿秋白同志负责？我认为从实际情况来看，秋白在当时是比较适当的人选。建党初期，秋白即在中央担任宣传和理论方面的负责工作，积极宣传马克思主义和党的政治主张，对中国革命和党的建设有贡献。在陈独秀推行投降主义时，他曾进行过抵制……无论是反对戴季陶主义，还是反对陈独秀投降主义，他的旗帜都比较鲜明。所以陈独秀的总书记职务被撤销以后，大家很自然地就推选了他。"

这是当事人李维汉拉开历史距离对瞿秋白做出的比较客观的评价，提示了当时瞿秋白在党内的影响力，以及他为何能成为党的"新领袖"的重要原因。

八年之后，瞿秋白在走到人生尽头回看来路时，写下这样一段话，比较中肯地表达了自己在八七会议前后的心境：

"其实,我虽然在一九二六年年底及一九二七年年初就发表了一些议论反对彭述之,随后不得不反对陈独秀,可是,我根本上不愿意自己来代替他们——至少是独秀。我确是一种调和派的见解。当时只望着独秀能够纠正他的错误观念,不听述之的理论。等到实逼此处,要我'取独秀而代之',我一开始就觉得非常之'不合式(适)',但是,又没有什么别的办法。"。

不论怎么说,历史造就了瞿秋白,八七会议把他推向政治巅峰,年仅28岁的他成为继陈独秀之后党的"新领袖"、中国革命航船的掌舵人。瞿秋白与罗明纳兹等人在中国革命危急时刻力挽狂澜,他们所做出的杰出历史贡献,将与八七会议一起载入史册。

第六章 深陷逆境

八七会议之后,在白色恐怖的腥风血雨中,瞿秋白以临时中央政治局总负责人的身份,领导着全党,顶着千钧重担,奋力前行。

大量艰难工作摆在瞿秋白等人面前。他们主要做了如下工作:

一是通过秘密渠道迅速向全党传达了八七会议精神。诚如蔡和森所说:"我们绝对不要忘记八七以后之伟大的效果。北方有好些同志说:'假如新方针迟来一月,我们都散了。'这不仅北方如此,全国莫不如此。"

二是按照八七会议的总方针,发动秋收起义,作为当前党的最主要任务。瞿秋白以临时中央的名义接连写信给湖南、广东、广西等地负责人,指出湘粤赣鄂四省农民秋收暴动的重要意义。

三是为了适应新形势下党的秘密工作,瞿秋白等人决定建立党的秘密工作机关,组织全国各地建立秘密交通网,并于中央第三号公告作出具体部署。9月23日,瞿秋白等人决定成立中央特委，负责保卫党的干部和筹集党的经费等工作，顾顺章为负责人。中央特委成立后的第一件事情——保障中央机关安全地迁移到上海。

四是派出张太雷任广东省委书记，负责接应南下的南昌起义部队，抛弃左派国民党旗帜，打出苏维埃旗帜。

8月下旬，瞿秋白、李维汉、苏兆征等开会讨论，通过《中国共产党的政治任务与策略的决议案》，明确指出党的总方针——组织暴动，以及武装工农、建立革命军队等新策略和新思路，这在土地革命战争初期具有很重要的意义。此外，提出创建工农革命军。

其实，决议案已经显露有"左"倾错误倾向，如对形势的判断和对革命高涨的估量、对资产阶级内部成分不加以分析、采取全部打倒的错误策略等。很快，瞿秋白担任总负责的临时中央，与罗明纳兹一起共同犯下了"左"倾盲动主义错误。

大革命失败后，大批共产党人被杀，全党普遍存在着复仇、进攻的急躁情绪。犯过右倾主义错误的人，怕再犯错误，认为"右是跪着降，左是站着斗"，这些正好迎合了罗明纳兹的"左"倾盲动主义论调和拼命进攻路线，也点燃了瞿秋白等人的激情火焰。在这种形势下，难以开展既反右又反"左"的思想斗争，"左"倾盲动主义一段时间在中央最高领导层取得统治地位。所谓盲动，说白了就是不顾实际，不实事求是。

纠了右倾，又倒向"左"倾——这是罗明纳兹和瞿秋白的悲剧，也是中国革命的悲剧。

在全国各地武装起义相继失败之后,斯大林等人还是坚持苏联革命模式"城市中心论",并提出"新的高潮"一说,这成为罗明纳兹、瞿秋白犯"左"倾盲动错误的根源之一。客观地说,其错误主导者是共产国际的代表,瞿秋白作为党的主要负责人,当然也负有很大责任。

在这种情况下,1927年11月9日至10日,瞿秋白在上海主持召开了临时政治局扩大会议。这次会议大大发展了八七会议以来的"左"倾倾向,明明起义处处失败,竟然得出中国革命形势不断高涨的错误论断,并且提出在全国实行总暴动的策略。

罗明纳兹起草了《政治纪律决议案》。"政治纪律"这个词在瞿秋白、李维汉等中共领导人看来,是个新名词,以前从未听说过,觉得很新鲜。但一经实施,便立刻让人感到组织惩办的严厉和无情。罗明纳兹指责各地起义领导人"犹豫动摇",犯了"机会主义"的错误。会议决定给以周恩来为书记的南昌起义前敌委员会全体成员警告处分;指责秋收起义负责人毛泽东"应负重大责任",还解除了毛泽东临时中央政治局候补委员的职务。直到1930年9月,瞿秋白主持的中共中央六届三中全会上,毛泽东才重新当选为中央政治局候补委员。

这次扩大会议给本已高涨的"左"倾盲动主义起到火上浇油的作用,中共中央先后安排、布置了广州、上海、武汉、长沙等大城市"总罢工""总暴动"任务。各地在执行中央这一方针时,提出过"左"的口号,如湖南有人提出"烧光县城",江苏省委则要求家家户户都要暴动。毫无疑问，各地的武装暴动纷纷失败，党的力量损失惨重。

从罗明纳兹来华到他11月中旬返回莫斯科，时间仅有3个月左右。在这期间，那个有着独立思考能力的瞿秋白似乎消失了，他几乎完全盲从罗明纳兹。一是因为他们在斗争理论上有着强烈的共鸣，二是当时中央领导层对共产国际代表普遍言听计从，瞿秋白书生性格决定了他必须如此，所以他们才一同犯下重大错误，为他们后来的政治生涯和个人命运投下巨大的阴影。

南昌起义、秋收起义、广州起义这三大起义的重要意义已被历史所证实。南昌起义打响第一枪，意义不言而喻；秋收起义之后创建农村根据地，意义更深远；广州起义在中共党史上有着重要意义，在国内外引起很大的震动。

10月底，南昌起义的失败，引起莫斯科方面的很大震动，要求中共中央积蓄力量，等待时机。鉴于此，瞿秋白代表临时中央政治局写信给广东省委，停止广州暴动计划。

然而11月扩大会议之后，11月17日，瞿秋白等人继续接受已经返回莫斯科的罗明纳兹的指导思想，脑袋一热，居然改变了原来停止广州起义的决定。临时中央指派政治局候补委员、广东省委书记张太雷前往广州担任起义总指挥，罗明纳兹的助手纽曼亦前往广州，全权负责指导广州起义。纽曼实际上以前没有参加过任何战斗，根本不是城市暴动专家，生搬硬套俄国城市作战的经验模式瞎指挥，在广州起义中起到了很不好的作用。他使人联想到后来中央苏区的军事顾问、德国人李德，他们本质上是一路人。纽曼不过是李德的预演罢了。

广州起义获得初步胜利，建立广州苏维埃政府。在上海的瞿秋白激动不已，立即挥笔写下《伟大的广州工农兵暴动》。但他高兴得太早了，随着敌人疯狂反扑，起义总指挥张太雷牺牲，起义宣告失败。

张太雷原名张曾让，字泰来，参加革命后改名太雷。他是中国共产主义青年团的主要创始人之一，是第一个被派往共产国际工作的中共使者，是中共历史上第一个牺牲在战场上的中央委员和政治局成员，他最终实现了自己"愿化作震碎旧世界惊雷"的宏愿，年仅29岁。而在他身后倒下的，还有五千七百多名革命志士的血肉之躯。

张太雷是瞿秋白的同学、挚友、入党介绍人。在党内，二人的友谊可以说是最深厚的。张太雷的牺牲，令瞿秋白十分悲痛。但是张太雷的牺牲和广州起义的失败仍然没有唤醒他，他仍然在"左"倾盲动主义的道路上滑行。

广州起义的失败对莫斯科的震动甚至超过南昌起义。广州苏联总领事馆负责人等苏联人士遭到杀害，在莫斯科更是引起轩然大波。年底，南京国民政府宣布与苏联"断交"，并拘捕苏联共产党人，直接影响到苏联在中国的地位。

当然，这对罗明纳兹和瞿秋白绝对不是一个好消息。罗明纳兹为此受到党内尖锐批评。正值上升期的他，政治生涯基本结束了。1934年12月，郁郁不得志的罗明纳兹自杀。

历史早已得出结论：罗明纳兹和瞿秋白这两个二十八九岁的年轻人，难以在危急时刻共同担负起领导中国革命历史性转折的艰巨任务，他们都缺乏应有的沉着冷静，都处于不成熟的时期，失败可以说是历史的必然。

中国革命的道路是在极其曲折中走出来的，在以后的斗争中不断总结经验教训，摆脱了莫斯科的"教师爷"，逐步找到适合中国国情的理论和道路，并在实践中反复检验和提高，从而形成以毛泽东思想为代表的集体智慧结晶——农村包围城市，武装夺取政权——最终走向彻底的胜利。

1928年春天，"左"倾盲动政策基本停止了。但是以后的路怎样走？于是，中国共产党第六次全国代表大会提上了议事日程。

国内白色恐怖极其严重，想找个安全一点的开会地方，都找不到。须知全党代表大会与会人数较多，一旦出事，对党来说就是毁灭性的。瞿秋白曾有在澳门或者香港开会的打算，但基于共产国际第六次代表大会、青年共产国际第五次代表大会与赤色职工国际第五次代表大会这三个大会，均在1928年春夏于莫斯科召开，他遂向共产国际提出，中国共产党第六次全国代表大会的会议地点一并放在莫斯科，从而与共产国际直接对话。莫斯科采纳了瞿秋白的建议。

这是瞿秋白第二次赴俄。他4月底即启程，5月中旬到达莫斯科。那个五年前去往"饿乡"采撷救国真理的青年，如今已成长为中国共产党的负责人。但是他的心情却丝毫不感到轻松，颇有点"高处不胜寒"之感。共产国际执委会在二月会议的中国问题决议案中已经对他个人提出了诸多批评、指责，因此对于自己会在中国共产党第六次全国代表大会上陷入怎样的困境，想必他也是心中有数的。

中国共产党第六次全国代表大会会址设在离莫斯科市区四十公里外的一座旧庄园。为了安全，所有代表一旦进入会场，便一律摒弃真名，使用大会统一编制的号码，并换上统一的列宁装或西服，且会议期间任何人不得外出，不在任何公共场所露面，以免日后回国被人认出。会议发言时，瞿秋白则使用自己特有的俄文名字"维克多尔·斯特拉霍夫"。大会要在共产国际直接领导下召开，由布哈林、库西宁、米夫等人组成的委员会起草大会文件，酝酿中国共产党第六次全国代表大会领导人选等。

大会开幕之前，斯大林会见了瞿秋白、周恩来、苏兆征、向忠发、李立三等人。斯大林说他已看过瞿秋白即将在大会上做的报告，有对的地方，亦有不对的地方。他不认为中国革命处于高涨之中，广州暴动不是革命高涨之开始，而是革命退后之结束。这与瞿秋白代表临时中央对当前革命形势的判断是完全不相符的。说话间，斯大林拿起红蓝铅笔，在一张白纸上画了几条曲线，并在曲线的最低点画了几朵浪花，意即革命处于低潮时，也会溅起几朵小小的浪花，不能把这点浪花看作高潮。由此可见，斯大林已经率先改变了对中国革命的看法，而瞿秋白等人还在盲目乐观。

6月18日，中国共产党第六次全国代表大会开幕，瞿秋白代表中共第五届中央委员会致开幕词。中国共产党第六次全国代表大会是中共历史上唯一一次在海外召开的党代会。谁也无法料到，七年后的同一天，将是瞿秋白的殉难日。

遗憾的是，一些从事实际工作、具有丰富经验并在党内有较高威望的领导人如毛泽东、任弼时、恽代英、陈潭秋等人没有参会。

19日，共产国际书记处第一书记布哈林代表共产国际做报告，他以"武装暴动是精细的艺术，它不像划根火柴那样轻而易举"的比喻批评了八七会议之后的盲动主义。还在会上公开批评瞿秋白与张国焘，说他们是大知识分子，要让工人干部来替代他们。而在会上，对瞿秋白意见最大的就是张国焘，他对瞿秋白的指责最多。张国焘其实才是不折不扣的机会主义代表，虽然他资格比瞿秋白老，但个人威信在党内并不高。

正是受此影响，中国共产党第六次全国代表大会过分强调重用工人阶级，对知识分子冷眼相看。因而大会选举时，武汉码头工人出身的向忠发成为继陈独秀之后在党的正式会议上选举产生的第一任党中央主席。但是向忠发各方面都较差，实在不能胜任。更具有讽刺意义的是，三年后他在上海因顾顺章叛变而被捕，他旋即叛变，继而被杀，成为中共党史上最受唾弃的人物之一。

瞿秋白仍然是中国共产党第六次全国代表大会的主角，他夜以继日地忙碌。他既是大会的主要领导者和组织者，又是大会的主要被批评对象。由同一个人来承担组织者和被批评者，这在中共历次代表大会中是唯一的一次（中国共产党第五次全国代表大会对陈独秀并没有公开点名批评）。

毋庸置疑，他这个主角相当尴尬。大会毫不留情地对他所犯的"左"倾盲动错误进行了批评，他也比较深刻地作了检讨，承担责任，没有一味地推诿。会议的气氛还算温和，民主气氛非常浓，甚至可以说生动活泼，批评是严厉的，但并没有出现剑拔弩张的场面。

值得一提的是，瞿秋白在做中国共产党第六次全国代表大会政治报告时，较为客观地评价陈独秀，一方面指出他的历史功绩，另一方面认为中央政治局应承担大革命失败的责任。这是陈独秀与党"分道扬镳"之前最后一次来自党内最高层的公允之声。据说陈独秀闻讯后，遇到有人鼓动他反对中国共产党第六次全国代表大会，他予以拒绝了。

对中国共产党第六次全国代表大会的历史评价，延安整风时周恩来说过，六大关于中国革命的性质、动力、前途、形势和策略方针等问题的决定基本上是对的。所以说六大的路线基本上是对的。

大会闭幕后，紧接着召开六届一中全会，按照共产国际的提名，选举产生新一届中央领导人。瞿秋白虽然仍被选为中央政治局委员，但得票比较少，最后在政治局七人名单中名列第六，仅排在张国焘前面。

对于这一段历史，李维汉回忆说——

> 应当看到，以秋白为首的临时中央政治局所犯的"左"倾冒险主义，不同于因胜利而骄傲起来的李立三"左"倾冒险主义，更不同于篡党夺权的王明"左"倾冒险主义，因为我们是在执行八七会议总方针过程中所犯的错误……况且，当时党还不成熟，秋白还年轻，他主持中央工作期间只有二十八岁，犯错误的时间只有短短的几个月，而且很快就改正了。他犯错误主要是认识问题。我认为秋白是一个正派人，他没有野心，能平等待人，愿听取不同意见，能团结同志，不搞宗派主义，事实上，临时中央政治局是一个五湖四海的班子。他的

弱点是在接触实际上有点教条主义。临时中央政治局顺从国际代表,他有一定责任。

李维汉作为当事人、亲历者,感同身受,他的这个评价是比较中肯、客观的。

在中国共产党第六次全国代表大会上,代表们对共产国际及派驻中国的代表进行了尖锐批评,认为弊端很多。因此大会结束后,共产国际不再选派全权代表到中国,而是改由中共在共产国际设立常驻代表团,通过代表团指导国内斗争。经布哈林提议,瞿秋白和张国焘作为中共驻共产国际代表团的正、副团长,留在了莫斯科。

大会期间,杨之华也带着女儿瞿独伊来到莫斯科。杨之华作为中国共产党第五次全国代表大会中央委员全程参加了大会。大会结束,瞿秋白留下来,杨之华被安排进入中山大学特别班学习。瞿独伊也进了幼儿园。

一家三口在和平安定的大都市莫斯科工作、学习,不用再像国内那样东躲西藏防止被叛徒出卖,随时有被捕牺牲的危险,肩上的担子比在国内要轻许多。照理说,从这时到1930年7月瞿秋白回国,莫斯科的两年生活应该是他投身革命以来最为安逸悠然的一段岁月。然而,事情并不是那么美妙,瞿秋白一家在莫斯科度过了一段并不美好的生活,可以说是深陷泥淖。

一个重要的原因,就是他遇上了米夫,当然还有王明。

相较于其他早期中共领导人,莫斯科方面的影响对瞿秋白的革命生涯影响之大,他被推上政治舞台的巅峰,或被打

★ 1928年，瞿秋白与杨之华摄于黑海之滨

★ 1929年,杨之华与女儿瞿独伊。照片上文字系瞿秋白亲笔书写

入政治命运的低谷，都离不开莫斯科。马林、鲍罗廷无疑是他政治上的"伯乐"，罗明纳兹瞬间把他带上政治巅峰，但很快又为他的命运埋下不幸的伏笔，而米夫则把他推向了深渊。

留在莫斯科两年左右的时间里，瞿秋白与共产国际东方部部长米夫合作机会最多，经历了礼貌点头——争辩合作——无情斗争的几个阶段，米夫严重影响了瞿秋白的后半生。

1925年，孙中山辞世后，为了纪念孙中山，并为中国革命培养人才，共产国际和苏联政府决定在莫斯科成立一所以孙中山名字命名的学校，即莫斯科中山大学。同年底，熟读马克思列宁经典的米夫调到中山大学工作，不久即升为副校长，当时他只有24岁，可谓少年成名。从此，中山大学成为米夫施展政治抱负的舞台。当时中山大学的成分相当复杂，有一些是"保送"的国民党要员及其子女，如郑介民、邓文仪、康泽等官员，以及蒋介石之子蒋经国、冯玉祥之子冯洪国、邵力子之子邵志刚、于右任之女于秀芝等，还有一些是接受选拔或者秘密推荐的共产党员，如徐特立、叶剑英、杨尚昆、邓小平、廖承志、张闻天、王稼祥、王明等，大约有三百人。

米夫如此年轻就当上中山大学的副校长，生怕别人看不起，他始终端着架子，一脸严肃相。不过有一个中国学生很尊重他，他就是王明。

王明，原名陈绍禹，1904年生，安徽六安金家寨镇人，1925年在武汉读书时，被推举为学生领袖，参加学联会议和游行示威,声援五卅运动,当年党组织派他到莫斯科中山大学学习。他个头不高,精明强干,学习努力,口才出众,半年就能用俄语流利对话。"唯圣""唯书"的思想和死记硬背式的学习方式,使王明很快拥有一套把马克思列宁主义教条化的本领,他出口成章,言必有据。他的这个能力深得米夫赏识,在众多留学生中对他格外器重。有着强烈政治野心的王明视米夫为靠山,不遗余力地靠拢。1926年年底,米夫在共产国际执委会上抛出《中国问题提纲》(即"米夫提纲"),受到斯大林赏识,一跃而成为"中国通",从此更是声名大振,26岁即升任中山大学校长,不久又兼任共产国际东方部部长。对于中共和中国问题,米夫有了更大的发言权。

据周恩来回忆,年轻气盛的米夫在中国共产党第六次全国代表大会期间散布了一些对中国共产党人轻视、不信任的话,说中共在理论上很弱,现在王明等人有较强能力,暗示可以提拔他们参加中央工作。当时没有人理睬,但是这种说法产生了影响,使得一些留学生轻视中共负责人,以致发生反对中共代表团的斗争。

中国共产党第六次全国代表大会在莫斯科召开,在王明眼里,是个机会,他欲图脱颖而出。他事先根据斯大林和共产国际的思想理论,写了一本名为《武装暴动》的小册子,他想把小册子塞进供大会代表们阅读的材料中,但遭到瞿秋白等人的反对。这是瞿秋白与他结下的第一个"梁子"。

不久,中山大学的"江浙同乡会"事件爆发。所谓"江浙同乡会"是由王明出于政治斗争的需要而捏造出来的,并

★ 瞿秋白照片，存于俄罗斯档案馆，年代不详

得到了米夫的鼎力支持。中山大学一些江苏、浙江籍的学生因吃不惯学校的饭菜，经常周末聚到附近一个中国餐馆吃饭，其中就有蒋经国，他们凑份子吃饭，喜欢用家乡话聊家常，来自北方的同学听不懂他们说什么。时间长了，他们就自称或被别人称为"江浙同乡会"。后来，蒋经国转学到列宁格勒的军政学院，那里的津贴比中山大学要高，俞秀松、董亦湘等几位好友给蒋经国写信要对方汇点钱过来，戏称是"缴会费"。这不过是年轻人之间开的一个玩笑，哪知却惹来事端——那封写给蒋经国的信，被王明一伙的人私拆了，他们如获至宝，以此为证据，写文章，出墙报，指控"江浙同乡会"是个反革命组织，还编造说与蒋介石有勾结，接受国民党的资助等。那些感到冤枉的江浙籍同学不服，就展开反击，两派"打"得不可开交。中山大学校长米夫请苏联国家安全部门派人来调查，虽然证据不足，但在他和王明以及向忠发的推动下，还是有十多名中国学生遭到苏联方面的各种处分，包括有四人被捕。

中国代表团接到受冤枉学生的申诉后，决定由瞿秋白来处理这件事。这个事非常棘手，瞿秋白必须认真处理。经过一系列调查表明，所谓"江浙同乡会"反党秘密小组织纯属子虚乌有，并不存在，并由联共（布）中央监察委员会和中共代表团共同发布了《告中国同志书》。在联共（布）中央监察委员会起草的决议中，对米夫进行了点名批评。瞿秋白还向共产国际建议由鲍罗廷来担任中山大学校长。这件事对米夫影响很大，差点断送了他的政治前途。不久，米夫被迫辞去中山大学校长一职，专管共产国际东方部的工作，仍继续与瞿秋白打交道。

很快，米夫报复的机会来了。由于斯大林发动反对布哈林的"右倾"清党运动，当时认定布哈林"右倾"的主要罪状是反对全盘集体化，反对消灭富农。而瞿秋白在富农问题上的观点与布哈林一致。米夫主导的共产国际东方部讨论中国富农问题时，米夫认为中国应该同苏联一样，推行消灭富农的政策，瞿秋白当即表示了不同意见，两个人进行了激烈的辩论。由此，米夫和王明认为，瞿秋白是布哈林一条线上，反对斯大林。王明等人收集、捏造瞿秋白和中共代表团的"幕后活动的材料"，把中国共产党第六次全国代表大会以来中共代表团及其成员的各种讲话和文件，逐字逐句加以审查，找出可以攻击之点。他们在中山大学掀起风浪，喧嚣、起哄、谩骂、造谣，使用一切卑劣手段，发起对瞿秋白和中共代表团的攻击，把右倾和"左"倾、"托派分子"三顶大帽子一起扣到瞿秋白头上，对他展开了一次次公开批判。他们甚至在学校墙报上将瞿秋白画成一只猴子，并公开侮辱杨之华。"清党"运动之后，杨之华就被送到工厂监督劳动。

瞿秋白的政治地位受到严重威胁。在当时曾与瞿秋白就"富农问题"发生争论的当事人张闻天后来评价说，这是米夫、王明宗派反对中共代表团取得的第一次决战的胜利，打下了米夫、王明宗派夺取中共中央领导权的基础。

紧接着又出了一件对瞿秋白打击很大的事——他最喜欢的三弟瞿景白突然"失踪"了。

大革命失败后，瞿景白被派到中山大学学习，曾在中国共产党第六次全国代表大会期间担任秘书、翻译工作。曾担任过向警予秘书的陈修良和瞿景白是同学,她后来回忆,瞿景白对以王明为首的宗派小集团的言行,十分不满,特别是对以共产国际东方部部长米夫为首的"中大"(中山大学)支部局的领导作风,非常不满,他经常到瞿秋白住的共产国际的宿舍来探望兄嫂,去必谈"中大"本来的情况,也因此遭到王明宗派集团的嫉视……

瞿景白一气之下,把他的联共(布)预备党员证退给了区党委。这无疑是撞上枪口——主动送上门的"反面典型",无论有万千条理由,都在劫难逃——就在他交还党证的那天,他失踪了!

那一年,他才23岁。瞿秋白跟杨之华分析,瞿景白绝不是自杀的,而是被人谋害的。瞿秋白感到深深的自责,他作为中共代表团的团长,竟然保护不了自己的亲弟弟。瞿秋白牺牲后,在他留下的《未成稿目录》中,还列有一章《忆景白》。由此可见,瞿秋白就义前还想着这位弟弟。新中国成立后,瞿景白被追认为革命烈士。

被米夫、王明诬陷迫害、政治倾轧、工作繁重、痛失胞弟,令瞿秋白身心疲惫,甚至肺病加重,几次住院。这一切使瞿秋白在莫斯科度日如年,性格温和的他默默承受着无情的政治打击。此时的他已经徐徐滑向命运的深渊。

1930年春,米夫约请瞿秋白、张国焘等人,当面宣读了共产国际谴责中共代表团的秘密决议,把中山大学纠纷都归罪于瞿秋白为首的中共代表团,并且诬陷瞿秋白等一直坚持"分裂活动,从未改悔"。

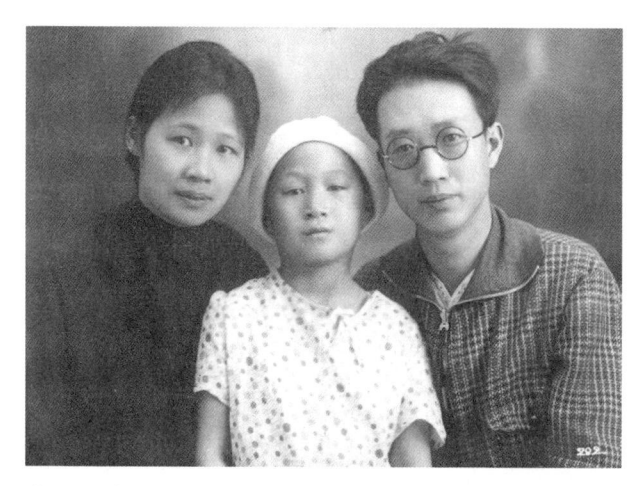

★ 1929年9月，瞿秋白、杨之华和女儿瞿独伊在莫斯科合影

★ 1930年7月，瞿秋白与杨之华回国前在莫斯科合影

6月，苏共中央和共产国际联合决定，撤销瞿秋白驻共产国际代表团团长的职务。中共中央派周恩来到莫斯科接替瞿秋白。

几乎与此同时，远在万里之外的中国共产党和红军遭遇了比瞿秋白在任时更加重大的挫折。由于向忠发名不副实，不懂指挥，加之蔡和森被撤职、苏兆征病逝、周恩来离开，实际上由李立三掌控了中央。1930年4月，中原大战爆发，好大喜功的李立三认为革命的大好时机终于来了，他召开中央政治局会议，不自量力地制订了以武汉为中心的全国中心城市起义和集中全国红军攻打中心城市的冒险计划，竟然提出红军主力最后"会师武汉，饮马长江"，夺取全国胜利的口号。短短的几个月，盲目的进攻使党和红军损失重大。远在莫斯科的瞿秋白惊呼："李立三简直发疯了！"

共产国际和斯大林感到震惊。在极为严峻的形势下，共产国际决定起用一个月前刚刚被解职的瞿秋白，派他和周恩来先后紧急回国"救火"，纠正李立三错误路线。

瞿秋白、周恩来回国后，立即开展纠错，于9月24日至28日在上海秘密主持召开中共六届三中全会。中共六届三中全会在党的历史上是有功绩的一次会议，1945年中共六届七中全会通过的《关于若干历史问题的决议》中指出：

> 一九三〇年九月党的第六届中央委员会第三次全体会议（六届三中全会）及其后的中央，对于立三路线的停止执行是起了积极作用的。

★ 1930年8月，瞿秋白从苏联绕道柏林回国，柏林文化广场的剪纸艺人为他制作了这张剪影

这种"积极作用"主要表现在：它纠正了李立三对中国革命形势的极左估计，停止了全国总暴动和集中红军攻打大城市的冒险计划，基本结束了李立三"左"倾冒险主义在中央的支配地位和作用；全会正式决定成立苏区中央局，这对红军和革命根据地的发展具有深远意义。瞿秋白、周恩来回国"救火"，可以说达到了目的。

对于瞿秋白来说，六届三中全会还有一个功不可没的地方，那就是增选毛泽东为中央政治局候补委员。这一重大举措，只有到遵义会议时，在与王明宗派集团错误路线决一胜负的紧要关头，人们才能深刻领会六届三中全会决定毛泽东进入最高决策层的深远意义。

但是会议因为受共产国际"七月决议"指导思想的影响，仍然对中国革命形势做了过分的估量，没有在思想上、理论上彻底清算李立三路线的错误实质。因反对李立三路线遭到打击的林育南、何孟雄等正直干部，仍然被当作三中全会打击的对象，这就让人觉得三中全会以后的中央与三中全会以前的中央没有什么两样。

会议决定撤销李立三中央政治局常委兼中央宣传部部长的职务，由瞿秋白接任中央宣传部部长。但是改选后的中央政治局仍然保留李立三，这是大家选举的结果，以后却成为严厉批判瞿秋白的重要理由之一。因为李立三藐视莫斯科的权威，六届三中全会竟然还保留他的政治局委员职务，莫斯科方面非常恼火，对瞿秋白感到极度的失望。

急于夺权的王明等人已经做好了准备。王明在这之前半年就已潜回上海，他和博古（秦邦宪）等人并不把中共中央放在眼里,暗地里继续进行宗派活动,时常给米夫写告密信,歪曲事实,把中共中央领导层说得一钱不值,说六届三中全会没有执行共产国际的决议,他们迫切希望共产国际和米夫出面,坚决彻底改组中央领导班子。王明接二连三的告密信使米夫越来越相信:中共中央领导人的理论和实践水平都很差,存在严重的右倾倾向,对李立三的错误采取了"调和主义"的右倾机会主义手段,而且责任主要在瞿秋白;只有王明等人才是"彻底改组"中共中央领导班子的新生力量。

1930年11月中旬,中共中央收到一封十月份共产国际执委会发来的写给中共中央的信,党史上后来称之为"十月来信"。该信全然不顾瞿秋白等人执行共产国际原来指示所做的一切努力,无情推翻中共六届三中全会的有关决议,其目的无非要把瞿秋白等逐出中央领导班子,扶持王明一派上台。

值得玩味的是,这封发给中共中央的绝密信,王明居然事先得知其内容。他原本口头上是拥护中共六届三中全会的,得知内容后,马上改口进行尖锐批评,同时在党内高层四处传播"十月来信"有关内容,造成党内严重的思想混乱,使得瞿秋白在党内的威信急剧下降。王明还动手赶写《两条路线》小册子(以后再版时更名为《为中共更加布尔什维克化而斗争》),它们成为他反对六届三中全会及其以后统治中央长达四年之久的纲领性文件。对此,刘少奇后来在延安时期评价说这是一本"罪恶的小册子"。

1930年年底,王明带头,罗章龙等人起哄,集中攻击六届三中全会和瞿秋白。这时米夫以共产国际代表身份秘密来到上海，直接插手中共中央事务，以期加速实现中共中央的"布尔什维克化"。米夫到上海后，没有找瞿秋白、周恩来等领导人，而是约见了王明，私下策划。几天后，瞿秋白等被迫接受米夫的指示，任命王明为中共江苏省委书记——王明此前职务仅仅是中共上海沪东区委宣传部的干事。江苏省委是当时中共在白区中一个最重要的地方领导机构，领导着江苏、浙江、安徽的党组织和党中央所在地——上海的党组织，省委书记是一个非常重要的职务，以王明的资历是无法担当的。米夫的强行提拔，等于为王明进入中央最高领导层筑起了一个重要台阶。

在米夫的操纵下，1931年1月7日，中共中央在上海召开六届四中全会。此前莫斯科来电称，"鉴于斯特拉霍夫（即瞿秋白）的调和主义和两面派行为，应把他赶出政治局，用新的力量补充中央委员会"，米夫亲自起草六届四中全会决议，拟订参会人员，除正式代表外，还决定让莫斯科回来的学生代表参加，并决定凡参加会议的都有表决权。

在这种高压态势下，会议撤销了瞿秋白、李立三的政治局委员；李维汉也被撤销政治局候补委员。会议对周恩来等人进行了尖锐批评，但出于实际考虑，保留了周恩来、项英、毛泽东等政治局原成员，同时新增了任弼时、刘少奇为政治局委员。

瞿秋白在这次会上成为批判的重点，遭受蛮横无理的指责。王明则被米夫一手推上前台，担任政治局委员和政治局常委，成为中央实际上的负责人，合法取得了中央领导权，而他此前连中央委员都不是，仅仅在莫斯科读了六年书，基本没有任何实际的工作经验，寸功未立。而米夫也终于达到了控制、操纵中共中央的目的。米夫以后不断自我吹嘘中共六届四中全会取得的胜利，还标榜得意门生王明是"中国共产主义运动最有威望和最有天才的领袖之一"。

王明"左"倾教条主义错误，统治中共中央达四年之久，给中国革命带来极大的危害，差一点断送中国共产党和中国革命。这四年，苏区损失百分之九十以上，白区中共力量损失几乎是百分之百，直到1935年1月的遵义会议，中国共产党和红军才迎来转机。

六届四中全会是瞿秋白个人命运的最大转折点。他在《多余的话》中写道——

我第二次回国是一九三〇年八月中旬，到一九三一年一月七日我就离开了中央政治领导机关，这期间只有半年不到的时间。可是这半年时间对于我几乎比五十年还长！人的精力已经像完全用尽了似的，我告了长假休养医病——事实上从此脱离了政治舞台。"

瞿秋白、李维汉被撤销职务，正式结束了他俩之间的合作关系。李维汉多年之后还记得，"那天散会时，时间已经很晚了，我在门口遇到秋白，他说我们吃夜宵去吧。吃夜宵时，我问他今后怎么办？他回答：听中央的分配。"这是他们俩最后的"告别之言"。

一些人认为瞿秋白之所以能够在反右倾斗争中脱颖而出，

取代陈独秀一度成为中共最高领袖,主要是他对内"调和"、对外"听话"的软弱文人性格使然,这或许有一定道理。而此后,他又很快犯了"左"倾盲动主义错误而下台。这也是他对共产国际的瞎指挥过于听话所致。所谓"成也于斯,败也于斯"。优柔寡断,随波逐流,是他这种"文人政治家"的性格弱点和无法克服的缺点。他活得很累也很苦,大量的困惑话语只能永远埋在心底,即使他就义前写的《多余的话》也难以表达——他没有对共产国际及其代表说半个"不"字。

至于对瞿秋白政治生涯影响之大的米夫后来又如何了呢?在1937年的苏联肃反运动中,有人揭发米夫是政治反革命,他被关押。让米夫难以接受的是,自己一手提拔起来的王明在他落难之时却与他划清界限,落井下石,写文章把他批得体无完肤。1938年米夫被判处死刑,年仅37岁。1956年苏联共产党第二十次代表大会后为其恢复名誉。

瞿秋白虽然离开了党中央,但他还是中央委员,没有功劳有苦劳,共产国际和苏联方面也并没有忘记他,先是决定让他"去莫斯科治病",他的身体早就很糟糕了;随即又要求把他"作为中共中央驻共产国际执委会的代表派往莫斯科"。应该说这两个决定是能够逆转急速下落的瞿秋白的命运。可是,米夫和王明担心他在莫斯科"东山再起",因而他们是不会同意这一"要求和决定"的。

顾顺章被捕叛变和向忠发被捕被杀后,在敌人的疯狂追捕下,中央实际负责人王明如同惊弓之鸟,躲进上海郊区的一家疗养院。此时看到共产国际要求中共中央派瞿秋白前往莫斯科常驻,于是他设法取而代之,以便远离国内的白色恐怖。10月，王明终于堂而皇之地离开上海，临走前提议由博古担任临时中央总负责人。身为中共中央的实际负责人，王明长期躲在莫斯科，直到抗战才回国，像这样的"奇葩"人物，世间也是不常有。

中国共产党第六次全国代表大会之前，路线斗争都是政见之争，不曾见"残酷斗争，无情打击"。对于瞿秋白来说，经历过中山大学的派别斗争，莫斯科"清党"运动的冲击，回国后"纠左"过程中一系列的政治风波，他已经厌倦了党内连续不断的无情政治斗争。他感叹"田园将芜胡不归"，渴望重返自己喜欢的文学园地，从而远离错综复杂的政治斗争。

瞿秋白被逐出政治局，但他对党并没有什么怨言，他在《多余的话》中这样描述当时的心境："我当时觉得松了一口气……正感谢这一开除，使我卸除了千钧担。"

第七章 人生得一知己足矣

虽然卸下了肩上的千钧重担,可是生活的担子却重了。当时,党组织每月仅给瞿秋白、杨之华夫妇每人派发十七元钱的生活费,而这点钱仅为当时上海工人月均工资的一半左右,夫妇二人的生活顿时陷入困境。

瞿秋白久患肺病,身体很弱,杨之华总想给他补补身子。有一次,她看他很久没有吃过有营养的菜了,就托邻居帮忙买到了一只肥鸡,她高兴坏了,尽心尽力把鸡炖得稀烂,准备让他吃顿好饭。想不到晾衣服的时候,晾衣服的竹竿碰翻了鸡锅子。杨之华心疼得不得了,一边收拾一边埋怨他没有帮着晾衣服,他马上起身帮她收拾,像哄孩子似的说:"算我已经吃了吧。不要想它了,该读书和翻译了。把你昨天译好的拿给我改。"把杨之华说得心宽了一些。杨之华此前担任中央妇女运动委员会秘书,兼管总工会妇女部工作，受瞿秋白连累，她也被撤销了党内职务。她不服气，瞿秋白耐心劝说她，指导她读书、写作，并尝试翻译苏联文学作品。即便是为了糊口，夫妇二人也得夜以继日翻译、写作，指望挣点稿费，补贴家用。正是在瞿秋白的鼓励和指导下，杨之华写出了中篇小说《豆腐阿姐》，后来发表在丁玲主编的《北斗》杂志上。她还试着翻译了一些苏联文学作品。

差不多十年前，瞿秋白弃文从政；现在，他又从政治家变回文人。角色的转变，巨大的落差，不仅没有让他感到失落，反而让他感到轻松愉快，因为他终于可以从事自己早就心之向往的写作了。

在这之前，1930年年底的一个夜晚，刺骨的寒风掠过光秃秃的树枝，发出尖利的啸叫。瞿秋白和弟弟瞿云白来到了一个熟人家里，这个熟人先前叫蒋冰之，她性格火热、笑起来有两个酒窝，三年前她已改用笔名丁玲。这时节正是六届四中全会之前，他在苦闷等待的日子里，突然产生了造访丁玲夫妇的念头。白色恐怖之下，贸然出门是需要思量的。至于他是怎么知道她家地址的，丁玲后来一直没搞清楚。那时，丁玲夫妇二人已经双双加入了"左联"。

瞿秋白敲开门，丁玲和丈夫胡也频感到很突然，很兴奋，又很狼狈——她刚生下儿子，没有奶水，为了雇奶妈给孩子喂奶，把值点钱的两件大衣都典当了，家里连泡一杯茶的茶叶都拿不出来。为了打消这对小夫妇的尴尬，瞿秋白打趣说："士别三日，当刮目相看。你现在是一个有名的作家了。"他说这些话，丁玲没有感到一丝嘲笑，或者是假意的恭维。瞿秋白看一看她的儿子,问有没有起名。丁玲说:"我母亲取了个名字,叫祖麟。"瞿秋白便笑着说:"应该叫韦护,这是你又一伟大作品。"

前面说过,《韦护》是丁玲发表的中篇小说。丁玲心里有点拿不准,他提《韦护》,他果真喜欢它吗?而就在此时,瞿秋白感慨万分地吟诵道:"田园将芜胡不归!"

她一听,心情变得沉重了。她理解他的心情,这并不是说他多么喜欢《韦护》,而是说他爱文学,渴望归来。后来,当她知道一点他那时的困难处境时,她就更为他难过。

瞿秋白"赋闲"后,有两位"不速之客"率先来访——沈泽民、张琴秋夫妇。沈泽民是茅盾的亲弟弟,他年纪虽轻,但资格很老,是中国共产党正式成立之前最早的50名党员之一,五卅运动期间在《热血日报》当过编辑,与瞿秋白一起工作过。张琴秋是杨之华早年在浙江省立女子师范学校的同学。这二位当时是王明线上的人,莫斯科中山大学出来的,也是米夫的学生。六届四中全会之后,沈泽民接任中央宣传部部长,撰写过批判瞿秋白的文章。现在沈、张二人接到中央通知,要赴鄂豫皖苏区,临行前特意来看望瞿秋白——显然他们很同情瞿秋白的处境,没忘记"老领导"。瞿秋白略感意外,但马上平静下来。他与沈泽民长谈,相约革命胜利后,在上海相会。临别时,瞿秋白把一块苏联生产的钢壳怀表送给沈泽民——那是1920年,他在莫斯科响应苏俄政府号召捐献金物,把自己仅有的一只金壳怀表捐出后,苏俄政府回赠给他这块钢壳怀表做纪念,这些年他一直带在身上。

他对沈泽民说:"你到苏区天天要打仗,这只表对你有用,留作纪念吧!"

沈泽民郑重收下了这份带着瞿秋白体温的礼物。1933年秋天,重病缠身的沈泽民把瞿秋白送给他的这块钢壳怀表送给即将率部长征的红二十五军副军长徐海东,嘱咐他:"一定要以万死的精神,去争取革命胜利。"1935年,中央红军与红二十五军会师后,徐海东听说彭德怀的怀表坏了,便把这块钢怀表转送给他。瞿秋白牺牲11年后,杨之华从新疆监狱回到延安,彭德怀特意把这块表还给了她,让她留作纪念。新中国成立后,杨之华又把它捐给了军事博物馆。瞿秋白纪念馆里现有一件复制品,诉说着这只钢怀表辗转曲折的革命往事。

而瞿秋白和沈泽民都没有等到革命的胜利。1933年11月20日,鄂豫皖边区的主要创立者沈泽民在大别山腹地天台山芦花冲病逝,年仅33岁。跟瞿秋白相同的是,他也患有肺结核,因为"得罪"张国焘,在红四方面军战略转移时,重病缠身的他被留在大别山坚持斗争,不久病逝。

1931年4月下旬的一天下午,传来敲门声,楼下的房东太太前去开门,来访的是一对夫妇,女的问道:"何先生在家吗?"

房东太太不悦地说:"这里没有姓何的!"

楼上的杨之华警觉地听出来了,这是茅盾妻子孔德沚的声音,赶紧下楼去迎,大声说:"有姓何的!"并对满脸狐疑的房东太太说,"我娘家姓何,他们是我的朋友。"

茅盾夫妇上楼后,杨之华才悄悄告诉他们:"秋白又改名换姓了,不再姓何,改叫林复。"

原来是沈泽民离沪之前,把瞿秋白的近况告诉了茅盾,还把他的新住处透露给茅盾,夫妇二人牵挂好友,就赶来看望。

大约半年前,瞿秋白从莫斯科回国"救火",得知茅盾从日本回来,尽管忙得焦头烂额,他还是用暗语写信请开明书店转交,邀请茅盾前来,并说明自己姓何,留下了当时的确切住址。这是对茅盾的信任,因为他们已经两年多没见面了,而茅盾在大革命失败后即与党组织失去联系。瞿秋白仍然把已经远离政治的茅盾当作自己人,令茅盾颇为感动。茅盾比瞿秋白年长三岁,瞿秋白一直称他为"雁冰兄",还鼓励他把小说写好。

这一次,茅盾主动登门,又令危难之际的瞿秋白感动不已。言谈中,瞿秋白得知茅盾在写长篇小说《子夜》,已经初成四章。茅盾把前四章的故事梗概讲了讲,瞿秋白很感兴趣,又问全书的情节,茅盾答应过几天再来,把书稿和后几章的大纲带来,再做详谈。

几日后,茅盾夫妇如约前来,瞿秋白和他谈了一个下午,提出了不少自己的意见和建议,茅盾感觉大为受益。杨之华做好了晚饭,四人吃罢,瞿秋白和茅盾继续谈《子夜》。就在这时,有人送来一封信,上写:"娘家有事,速去。"

这是通知瞿秋白夫妇立即转移的信号。后来才知道是顾顺章叛变。可是仓促间往何处转移呢?茅盾夫妇就带瞿秋白、杨之华来到自己家暂住。茅盾刚回国不久,住的地方很简陋,只好让孩子睡地板,腾出一张床给瞿秋白夫妇。

瞿秋白在茅盾家避险大约两个星期，这期间他们除了吃饭、睡觉，就是谈论《子夜》。茅盾后来回忆说，他在《子夜》的写作和修改过程中，相当多地吸纳了瞿秋白的意见、建议，并就此对一些人物和情节进行了大胆调整，甚至重新改写了分章大纲；而且只写都市，不再正面写农村——这都是瞿秋白的主意。

1933年2月，《子夜》出版单行本，瞿秋白对它作出高度评价，认为"这是中国第一部写实主义的成功的长篇小说"，"将来的文学史上，没有疑问要记录《子夜》的出版"。

在茅盾家避难的那段时间，二人时常谈起鲁迅。茅盾这才知道瞿秋白和鲁迅还未见过面，主动说："等方便的时候，我和你一起去拜访鲁迅。"瞿秋白爽朗地笑了。杨之华回忆说，这是自六届四中全会以来，她第一次看到瞿秋白心情这么好。

一天，冯雪峰突然来到茅盾家，他是左联的党团书记，他带来了刚印出来的《前哨》创刊号。这是冯雪峰第一次见瞿秋白，他比瞿秋白小三岁，他是在李大钊被杀害、大革命失败后在北京毅然入党的，被党组织派到上海工作。他对党的重要领导人瞿秋白是很尊敬的，没想到在茅盾家里碰到，他喜出望外。瞿秋白夫妇不能总是躲在茅盾家里。冯雪峰帮他们联系到一个可靠的人家——他的好友、上海滩金融名门之后谢旦如。

在敌人发布的"通缉令"上，瞿秋白的价码是赏金两万元。

此后近两年里，瞿秋白夫妇就隐居在紫霞路68号谢旦如家里，躲过了敌人的追捕。瞿秋白还在那里撰写和翻译了大量的各类作品，包括较有系统地介绍马克思主义的文艺理论与苏联文学作品，为后世留下一笔宝贵的精神财富。可以说，在那个白色恐怖之下，谢旦如和他妻子钱云锦为了掩护瞿秋白夫妇，做出了义薄云天的侠义之举。1935年，谢旦如闻知瞿秋白在福建牺牲的消息后，立即把他当年暂放在他家的译文原稿交给了鲁迅。此外，他还把瞿秋白的全部著作，以及冯雪峰交给他保管的方志敏烈士的《清贫》和《可爱的中国》原稿，都精心保存于一只皮箱内，藏于密室，并在抗战期间想办法予以出版，这才使后来的人们能够读到《清贫》和《可爱的中国》。

左联是"中国左翼作家联盟"的简称，成立于1930年3月，它是一个共产党领导下进步作家所参与的政治文化团体。参加这个组织的有鲁迅、郁达夫、夏衍、冯雪峰、周扬、胡风、丁玲、柔石等50多位进步作家。茅盾从日本回国后，很快加入了左联。左联的成立，逐渐结束了革命文学内部的争论和不团结。

瞿秋白暂避茅盾家时，二人已多次谈到左联。住进紫霞路68号后，瞿秋白开始参与领导左联工作，冯雪峰成了瞿秋白与外界联系的"特殊联络员"。瞿秋白渐渐发现左联存在的一些问题，如不重视作家的创作活动，又存在"关门主义"的错误倾向。瞿秋白建议把《前哨》继续办下去，作为左联的理论指导刊物，另外再办一个文学刊物，专登文学作品。这才有了《北斗》。

瞿秋白认为1930年8月左联执委会的决议"有些论点不

妥",那是李立三"左"倾时期的产物,建议另起草一个新的决议,于是由冯雪峰起草的《中国无产阶级革命文学的新任务》经瞿秋白精心修改后定稿。茅盾后来评价说:它提出一些根本原则,指导了左联后来相当长一段时间的活动……这个决议在左联历史上有十分重要的作用,它标志着一个旧时代的结束和一个新阶段的开始。

瞿秋白与鲁迅见面,也是冯雪峰促成的。冯雪峰来见瞿秋白,瞿秋白总是自觉不自觉地问一句:"鲁迅近来好吗?又写了些什么文章?"早在十多年前,他就喜欢读鲁迅的作品,在此后以革命政治活动为主的时期,他也持续关注鲁迅;在政治道路严重受挫回到文学园地里来的时候,他最想找的人,其实是鲁迅。

一次,瞿秋白阅读了一篇鲁迅从日文转译的马克思文艺理论,对冯雪峰谈了些看法,希望他转告鲁迅。冯雪峰如实相告后,鲁迅用迫切的语气说:"我们抓住他!要他从原文多翻译这类作品。以他的俄文和中文,确是最适宜的了。"

鲁迅最先交给瞿秋白翻译的是苏联作家格拉特柯夫的长篇小说《新土地》,从此之后他俩在冯雪峰的连接下,渐渐靠近。瞿秋白在家中称鲁迅为"大先生"。杨之华写出中篇小说《豆腐阿姐》后,瞿秋白托冯雪峰带给"大先生"看。杨之华没有想到,大先生提了意见,改了错字,在错字旁边,还端正地分别写出楷体和草书字样;把稿子送还时,还用纸包得方方正正,用绳子扎得整整齐齐——那个时候,瞿秋白和鲁迅尚未谋面,只是书信来往,或者由冯雪峰捎口信。

1932年夏秋之际的一个早晨,瞿秋白在冯雪峰陪同下,第一次前往鲁迅家,两位左翼文坛的主将终于见面了!

鲁迅夫人许广平当年在北京女子高等师范学校读书时,曾经听过刚从俄国归来的瞿秋白的演讲,她记得很清楚,站在李大钊身边的瞿秋白"是一位英气勃勃的青年宣传鼓动员的模样",并记得他"留长头发,长面孔,演讲起来头发掉下来了就往上一扬的神气"。此刻在许广平眼里,她后来是这样描述的——

> 鲁迅对这一位稀客,款待之如久别重逢有许多话要说的老朋友,又如毫无隔阂的亲人骨肉一样,真是至亲相见,不须拘礼的样子……那天谈得很畅快……彼此的遭遇,到文学战线上的情况,都一个接一个地滔滔不绝无话不谈,生怕时光过去得太快了似的……

那天,一脸病容、面目浮肿的瞿秋白精神头却十足,二人坐在鲁迅的书房里,一谈就是一天。午饭时,瞿秋白还破例喝了一点酒,脸上泛着红润,饭后两人放弃午睡,一直畅谈到夜幕降临,瞿秋白才离去。

回到家,瞿秋白对杨之华说:"我邀请大先生全家来做客。"

杨之华关切地问:"他答应了?"

"是啊!"瞿秋白很开心地回答。

9月1日上午,鲁迅一家三口果真如约回访。两人又是兴致勃勃地聊了大半天。中午,杨之华特地到饭馆叫了几个菜,吃的时候才发现菜是凉的,味道也不好。杨之华感到很内疚、不安。鲁迅却毫不在意，谈兴不减。

鲁迅将这一天的活动记在了日记中："午前同广平携海婴访何家夫妇，在其寓午餐。""何家夫妇"即是瞿秋白夫妇的化名。以后鲁迅日记中还多次出现瞿秋白的其他化名。

这天，夏衍来找瞿秋白，说了一个情况："前不久，田汉找到我，说百代唱片公司业务经理任光跟他很熟，能不能利用这个关系，把社会上的抗日救亡歌曲录制成唱片，在社会上发行呢？"

瞿秋白知道，百代唱片公司由法国人开办，是上海最好的唱片公司之一，在民众中影响很大。他当即表示赞成："这是一个好机会，我们应该抓住它，多录制一些好歌曲。"

于是通过任光，百代公司把聂耳、田汉、冼星海等人创作的《渔光曲》《义勇军进行曲》《大刀进行曲》等歌曲录制成唱片，很快唱遍大江南北、长城内外，很多歌曲成为抗日救亡运动中最昂扬的旋律。

党领导下的无产阶级电影事业，也是在瞿秋白的关心指导下开始起步的。1932年四五月间，上海明星电影公司老板周剑云要找几位有名气的左翼作家做公司顾问。大家一时拿不准是否该接受邀请。瞿秋白听了汇报后，明确表示：要去！要利用一切条件开展工作，夺取电影阵地！瞿秋白决定派夏衍、阿英和郑伯奇三人到明星公司当编剧，并于次年成立了中国电影界的第一个党小组，由夏衍负责。后来，沈西苓、田汉、阳翰笙等人也参加进来，使得当时联华、明星、艺华等几家电影公司在一段时间里为我党所用，拍摄了一批在当时卓有影响的进步电影。

左联办的刊物常常被查封，而左联一段时间又不允许其成员在国民党的报刊上发表作品。瞿秋白对此提出不同意见，认为应该利用国民党的报刊，有计划地去占领这个阵地。在他的支持下，几位作家担任了《申报》《晨报》等报刊的编辑，发表了不少进步文章。夏衍晚年动情地说："这件事，在秋白同志领导文艺工作之前，我们是不可能做到的。我认为秋白同志的功劳是不可磨灭的。"

其实，党中央并没有安排瞿秋白分管这些事，他是在赋闲的情况下，自觉应该为党做一份工作，才心心念之。

茅盾形象地评价道——

> 鲁迅是左联的主帅……但是他毕竟不是党员，是"统战对象"，所以左联盟员中的党员同志对他是尊敬有余，服从则不足。秋白不同，虽然他那时受王明路线的排挤，在党中央"靠边站"了，然而他在党员中的威望和他文学艺术上的造诣，使得党员们人人折服。所以当他参加了左联的领导工作，加之他对鲁迅的充分信赖和支持，就使得鲁迅如虎添翼。鲁迅和秋白的亲密合作，产生了这样一种奇特的现象：在王明"左"倾路线在全党占统治地位的情况下，以上海为中心的左翼文化运动，却高举了马列主义的旗帜，在日益严重的白色恐怖下，开辟了无产阶级革命文学的道路，并且取得了辉煌的成就！（《"左联"前期》，《新文学史料》，1981年第3期）

茅盾还说过："左翼文坛两领袖，鲁迅瞿霜各千秋。"

对于瞿秋白来说，左联很大程度上是他精神世界的慰藉，承载了他"生命晚期"既颠沛动荡又丰富厚重的三年岁月。

而来自鲁迅的关心，是他和杨之华感到最温暖的。

为了让瞿秋白赚些稿费养家，鲁迅想办法在他编译的苏联短篇小说集《一天的工作》中收录杨之华译的两个短篇。书稿尚未出版，稿费尚未汇来，鲁迅就先拿出自己的六十元钱垫支给瞿秋白夫妇，以解他们的燃眉之急。

1933年3月，瞿秋白夫妇在鲁迅家避难期间，两人合作编写了一本《萧伯纳在上海》，出版后，鲁迅将全部稿费都给了瞿秋白。7月，鲁迅为了使当时经济拮据的瞿秋白能挣点稿费，请他编《鲁迅杂感选集》，而明知这本书的出版会影响自己单本杂文集的发行量，鲁迅也在所不惜。书出版后，瞿秋白得编辑费200元。

对这类事，周建人看得很明白。他在一篇文章中写道："秋白生活上困难，又不肯接受鲁迅的馈赠，鲁迅总是想办法让秋白出版一些书，以便获得一些稿费版税维持生活……对于自己的劳动所得，秋白是不可能反对的。鲁迅也安心了。"

可以说，鲁迅对瞿秋白真是上了心。素以"冷"的面目示人的他，在与瞿秋白相知相交中，表现出了他特有的细腻与暖意，对此，杨之华在四十年后的弥留之际，还念念不忘。

"秋之白华"四次遇险避难，他们首先想到的是投奔鲁迅。

1932年11月底，组织上派人送来情报，说有一个叛徒盯上了杨之华，让她和瞿秋白赶紧换一个住处避险。这时候的杨之华已经被组织重新安排工作，负责地下交通站，外出机会多，容易被盯上。

瞿秋白和她商量，眼下无处可去，只好去鲁迅家避避风头。瞿秋白一个人先去，杨之华怕被人盯上，在街上转了好久，确定无人盯梢之后才赶去。恰恰碰上鲁迅去北平探望病中的母亲，不在家，许广平热情地接待他们，还把她和鲁迅睡的双人床腾出来让给瞿秋白夫妇。鲁迅归来后，见老朋友住进了自己家里，尤感欣慰。

许广平回忆说：在紧要关头收留避祸的革命者，力担了危机与风险，承受了动荡和不安的同时，也为她与鲁迅简单的家庭平添了一股振奋人心的革命鼓舞力量，是非常之幸运的。加以秋白同志的博学、广游、谈助之资实在不少，这时，看到他们两人谈不完的话，说像电影胶卷似的连续不断地涌现出来……

瞿秋白夫妇在鲁迅家住了一个月左右之后，化名"史平"的陈云在一个雨夜奉组织之命来护送瞿秋白夫妇换一个地方避险，情报显示鲁迅这儿也被盯上了。陈云当时担任全国总工会党团书记，他上了三楼，按照暗号敲开了门，看到瞿秋白一切都准备好了，他把几篇稿子和几本书放在杨之华的包袱里，另外他还有一个小包袱装着他们夫妇的几件换洗衣服。陈云问他："还有别的东西吗？"

他说："没有了。"

"为什么提箱也没有一只？"陈云感到奇怪。

他说："我一生的财产尽在于此了。"

陈云要下楼叫黄包车，旁边的鲁迅赶紧吩咐许广平下楼叫车。这时瞿秋白指着鲁迅对陈云说："这是周先生，就是鲁迅先生。"

陈云急忙尊敬地说道："久仰得很！"他看到鲁迅穿着一件旧的灰布棉袍子，庄重而带着忧愁的脸色显示出非常担心的神情。

瞿秋白临走时，鲁迅说，到了安全地方，让史平再抽空来一趟告诉他，以免担心。陈云答应了。他本打算再去的，后来因为别的原因，很快离开了上海，所以没有再去鲁迅家。他这一次见到鲁迅也就成了最后一面。

看到瞿秋白夫妇时常要外出躲避，鲁迅深感帮他们另找一个安全的住处十分必要。他想到了有许多日本人居住的北四川路东照里，便邀上日本好友内山先生的夫人陪同前往选房，去了两次，终于租定东照里12号一间不到二十平方米的亭子间。瞿秋白夫妇迁往新居，终于有了一个安稳的落脚之地。不久，鲁迅全家搬到附近的大陆新村9号，两家只隔一条马路，见面非常方便。

据杨之华回忆，瞿秋白一见鲁迅就立即改变不爱说话的性情，两人边说边笑，有时哈哈大笑，这些笑声驱走了牢笼似的亭子间的愁闷气氛。瞿秋白和她舍不得鲁迅走。鲁迅还经常带来一些书刊，这些都使瞿秋白深感欣慰。

而在另一位女主人许广平眼里，她感觉她和鲁迅少不了这样的朋友，这样具有正义感、具有真理光芒的人，他们时刻也不愿离开！有时是晚间瞿秋白过来倾谈一番；有时是附近面包房烤好热烘烘的面包，他们便买了趁热送去，借此谈

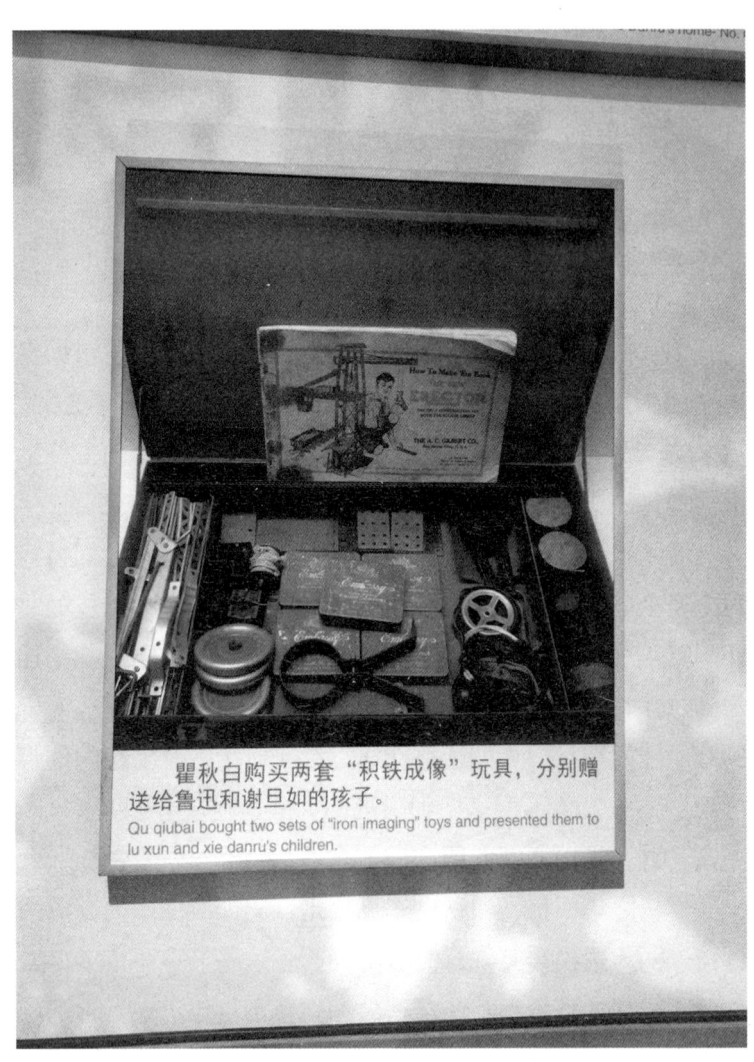

★ 瞿秋白给鲁迅、谢旦如的孩子购买的玩具

笑一番，看到瞿秋白他们平安无事，这一天也就睡得更香甜安稳了。

就在这段时间，鲁迅和瞿秋白频繁会面，碰撞出了更多思想的火花，拿出了更多精神食粮。他们除了合作选编国内第一本介绍苏联版画的《引玉集》之外，交流最多的就是杂文。这期间，瞿秋白执笔写出大约十几篇杂文，如《出卖灵魂的秘诀》《最艺术的国家》《大观园的人才》等，义正词严地揭露敌人的无耻行径。为了扩大影响，经鲁迅同意，以鲁迅之名发表在《申报》上。编选《鲁迅杂感选集》需要一篇序文，瞿秋白认为有必要为鲁迅辨明是非，给鲁迅一个正确的评价，便想通过这篇序文解决问题，他用了四个夜晚写出序文，认为鲁迅的杂文是"中国新文学的第一座纪念碑""是封建宗法社会的逆子，是绅士阶级的贰臣，而同时也是一些浪漫谛（蒂）克的革命家的诤友"；他总结出鲁迅杂文的四条特色：一是最清醒的现实主义，二是"韧"的战斗，三是反自由主义，四是反虚伪的精神。

一天下午，楼梯上传来一阵急促的脚步声，有人向瞿秋白亭子间奔来，接着是砰砰砰地敲门。瞿秋白和杨之华大吃一惊，以为有情况，急急忙忙把桌子上的书稿藏起来。杨之华打开门，原来是鲁迅站在门外。他天真地问杨之华："你不是说听惯了我的脚步声了吗？这回听出来了没有？"原来他童心未泯，故意改变脚步声，逗瞿秋白和杨之华玩。

那天，瞿秋白把刚写好的序文拿给他看，他认真地一边看一边沉思，许久，脸上显露出满意的神情。看罢，他谦虚地说："只觉得太好了，应该对坏的地方也多提些嘛。"

也在那天，在那个狭窄的亭子间里，鲁迅挥毫写下了那副后来十分有名的对联，录的是清朝书法家何瓦琴的诗句——

  人生得一知己足矣
  斯世当以同怀视之

  这两句诗，不正是鲁迅和瞿秋白交往两年来心窗烛照、肝胆相映、生死与共的真实写照吗？鲁迅长瞿秋白十八岁，可是他们两人之间没有所谓的"代沟"，他们携手走在时代前列，志同道合，以至情感通融，联袂奋进，晖披文坛。
  瞿秋白异常珍爱这副鲁迅的手书，把它挂在墙上，时常凝视。
  延展开来，他与鲁迅是这样，与茅盾、郑振铎、冯雪峰等文坛上的朋友，不也是这样的吗？
  可是仅仅一个多月之后，他们又要搬家，瞿秋白把这对联从墙上取下，仔细卷好，然后携杨之华赶往新的居所。他们一共在这个小亭子间住了三个月。
  在他"靠边站"的三年左右时间里，组织也没有完全忘记了他。
  有一次，中央政治局委员周恩来鉴于现存的中央文件十分杂乱，不便于保密管理，便委托瞿秋白起草一份党内文件。他认真写出了比较详细的《文件处置办法》，一共七条。周恩来看过，批示可试办。
  这是中共中央最早的关于文件管理的规定。

还有一次，王明一派的李竹声找他。此时，临时中央在上海待不下去，已经迁移到瑞金，在中央六届四中全会上新晋政治局委员的李竹声，被博古指定为中共中央上海执行局书记。王明的人找他，肯定没有好事。果然，1933年夏，国民党蒋介石策划对中央苏区进行第五次"围剿"之际，瞿秋白化名狄康在党内刊物《斗争》上发表了几篇文章，揭露国民党的阴谋，同时也根据第四次反"围剿"的情况，向党提了一些建议。而为了配合博古等人到中央苏区后开展的反"罗明路线"（罗明时任中共福建省委代理书记）和批判"邓毛谢古"（即邓小平、毛泽覃、谢唯俊、古柏）的斗争，李竹声在上海揪出瞿秋白作为斗争的靶子，以便与瑞金相呼应。

临时中央政治局做出了《中央关于狄康（瞿秋白）同志的错误的决定》，指责他完全与中央反对第五次"围剿"的决议相对抗，企图以他的机会主义观点来解除党动员群众的武装，是阶级敌人在党内的应声虫。

在上海秘密召开的党小组批判会上，李竹声气愤地指着瞿秋白说："像你这样的人，我只有把你一棍子敲出党外去！"

恰恰就是这个李竹声1934年6月被捕后即叛变，转眼成为中统特务。

动辄得咎。面对强加在自己身上的罪名，瞿秋白不服气，但他无可奈何，只有硬着头皮，写下了三千字的检查——《我对于错误的认识》，诚恳地检讨自己。

挨批判、写检讨对于他，已是家常便饭。他厌倦、痛苦、无助，情绪不佳。这样的斗争严重损害着他的身体，他时常低烧、咳嗽、吐血，身体更虚弱以至他的文章越写越少了。

对王明一伙，他一直是外服内不服。他说："我自己不愿意有什么和中央不同的政见。我总是立刻'放弃'这些错误的见解。"（见《多余的话》）。从"放弃"二字加上引号来看，瞿秋白至死也没有从心里真正地服从过王明。这种外曲内直的生活，使对自己过分认真的瞿秋白活得格外苦。

1933年年底的一天，瞿秋白接到地下党组织的通知：中央有电报来，安排他去中央苏区。

面对这个突然的决定，瞿秋白和杨之华感到意外是正常的。据杨之华回忆，瞿秋白当时毫不迟疑地说："想去很久了。"

瞿秋白点燃手上的烟斗，抽着，问送达通知的同志："之华可以同去吗？"

对方回答说，可以把这个意见反映给组织。

瞿秋白"倒霉"的这几年，多亏了杨之华细心的照顾，她把一切家务都承担起来，买菜做饭、洗衣服、倒马桶……她一个铜板一个铜板地计算着，节衣缩食，就为了省下钱来给瞿秋白治病。她从来没有抱怨过他一句，深深地理解他的痛苦，并且同他一起承担。他难以设想离开她的日子怎么过……

第二天，这位同志又来家里通知："之华去苏区的问题，要等有人代替她的工作才能走，请你先走吧。"

瞿秋白和杨之华默默地把来人送走。杨之华内心里当然希望跟瞿秋白一块儿走，好有个照应，特别是他的身体一直不好,她尤其不放心。但他们都是共产党员,在个人问题上从来不讲价,因此,瞿秋白没有抗争,没有拖延,平静地接受了这个决定。

他没有说半个不字。

剩下的事情就是走之前与朋友的告别,主要是跟鲁迅和茅盾的面别。他先去见茅盾,谈了很多话,茅盾感觉他的心情有点郁抑——也许这是惜别之情,也许是因为不得不离开自己喜爱的文艺战线。

1934年1月4日晚上,瞿秋白到了大陆新村9号鲁迅家里,向鲁迅辞行。那天晚上,鲁迅向夫人许广平提出,留瞿秋白住一宿,还要把床铺让给瞿秋白安睡,他们夫妇则去书房搭个临时睡铺,觉得只有这样才能使自己尽到无限友情之万一。

当天晚上,瞿秋白在临睡前,工工整整地为鲁迅翻译了一封长达三千字的致苏联版画家希仁斯基等人的信。

1935年春的一天,茅盾去鲁迅家里有事,他发现鲁迅的神色不好,站起来就要告辞,鲁迅突然拉住他说:"秋白被捕了。"

茅盾大吃一惊,急忙追问,鲁迅说了刚得到的一点情况,惋惜地说:"我早就想,像他那样的身体,去苏区是不适宜的,应该去苏联才对。"

两位大作家想不出任何好办法,木然对坐。

6月18日过后,他们都得知瞿秋白在福建长汀英勇就义。

7月下旬的一天,鲁迅约请茅盾到郑振铎家里商量编印

★ 瞿秋白存放在鲁迅处的箱子

瞿秋白遗作一事。三人商定，出版经费找友人筹集，由郑振铎、茅盾出面联系；郑振铎负责联系印刷所；鲁迅与杨之华商定编选范围。

9月4日，鲁迅约请茅盾来家里。鲁迅捧出两大摞瞿秋白遗稿放在桌上，看上去至少有一百万字；他用手轻轻一拍说："都在这里了。"并说已与杨之华商定，先出译文集，待以后经费有了着落，再出创作文集。

他们研究了编排的格式。鲁迅提出译文集书名叫《海上述林》，取述而不作的意思，取得相当古奥；又提议出版具名"诸夏怀霜社"——"诸夏"即中国，"怀"是怀念，"霜"即瞿秋白，因为他原名瞿霜。

茅盾都表示赞同。

最后鲁迅说："我还要把原稿再细看一遍。"

10月，已重病缠身的鲁迅开始《海上述林》的编校工作。捧着亡友的遗稿，他总感觉像"捏着一团火"。他为此呕心沥血，要将"我的精神用在里面"，因为"这是一个纪念，也是一个抗议"。它的出版表明"人给杀掉了，作品是不能给杀掉的，也是杀不掉的"。

编印瞿秋白遗稿的这一年，正是鲁迅沉疴不起的一年！

1936年8月，由鲁迅亲自装帧设计、手书题记，并由内山完造先生送往日本印刷装订的《海上述林》上卷样本从海上运抵上海，样本分两种，装帧非常精美，且都是精装本。鲁迅托人将这两种精装本各一册，分送毛泽东、周恩来。茅盾也拿到了，且是鲁迅亲手送的。

然而一个多月后，还没有等到下卷本送到，鲁迅便溘然长逝。

瞿鲁之谊，令人唏嘘，但光彩夺目，可昭日月。

对于未及出版亡友的创作文集，鲁迅引为此生憾事，他去世前曾致信杨之华："自己的身体很坏，怕不能如愿了。"

第八章 英雄绝唱

1934年2月5日那天,在红都瑞金的一间简陋的办公室里,一群人在交谈着什么,其中有李伯钊、沙可夫、钱壮飞、胡底,还有后来成为著名演员、导演的石联星,以及几位留苏的同志。忽然门口出现一位三十余岁、面容清癯、戴着眼镜、身着灰色中式棉袄的人,人们总觉得他面熟,齐齐打量着他。突然有人激动地欢呼起来,叫着:"秋白!是秋白!……"还有人用俄语叫他的名字,把他围起来,握手拥抱,问这问那。石联星来中央苏区一年半,还是第一次看到这种相会的场面,也跟着激动。但她不认识这个人,有人在她耳边小声道:"他,就是瞿秋白同志……"

从上海到瑞金,瞿秋白在路上一共走了25天,他装扮成医生,坐船、坐火车、步行……先到香港,再抵汕头,然后再经潮州、桃坑、下金、旧县、河田、长汀,一路风尘,终于抵达瑞金。

快到驻地时,他随手给杨之华写了一封信,只有短短两行——

我将到我们的"老家"，很快会看见亲兄弟，那是一个不可想象的天堂，快来！

终于到了。这似乎是他参加革命以来，第一次身处自己队伍中。自从1922年年底从苏联回国起，除去在莫斯科担任代表团团长的两年，十年了，他一直在中央高层工作，主要在上海、广州、武汉这些大地方，要么参加各种秘密的会议、会谈，要么就是躲起来起草各种文稿文电，或者翻译、写作。大革命失败后，躲藏在白色恐怖下的上海，不断受到缉捕，四处迁居，有时甚至一日数迁，神经极少有松弛的时候。来到苏区，立刻就感觉不一样了，同志们的歌声是欢快响亮的，战士们的笑脸是明净灿烂的，大家的神情是轻松愉快的。所以一到苏区，瞿秋白的心情还是蛮激动的。

可以睡个真正的安稳觉了。

中央任命瞿秋白担任苏区教育人民委员。"人民委员"是仿苏联的叫法，其实就是教育部部长，负责中央苏区的教育建设与文化宣传。毛泽东的老师徐特立为副部长。

苏区的条件当然没法跟上海比，教育部仅有一间办公室。当时第五次反"围剿"已在惨烈进行中，一切为了前线，后方人员无论吃穿用，尽量节省。瞿秋白身体很差，而又缺乏营养，有时连盐都吃不上，只能把青菜渍酸了煮着吃。他硬挺着，像以往一样全身心投入工作，总有那么多要起草的文件，总有那么多要写的文章，总有那么多要做的事情……他趴在一张窄小的破桌子上，用简陋的文具写呀写呀，经常忘记吃饭，忘记休息。他发现苏区的文盲特别多，于是下决心办教育，为此制定了不少规章制度。因为要经常下去搞调查，他还费心费力学会了骑马。

教育部下面有个编审局，担任编审局局长的庄东晓还兼着瞿秋白的秘书。庄东晓是山东长清县人，1908年生，她同家庭脱离关系，参加革命，与上海《民国日报》上的一则启事——杨之华与沈剑龙离婚、与瞿秋白结婚——有关。年少的她被旧婚姻制度逼得走投无路时，是这则启事鼓舞了她。1925年秋天组织上派她到莫斯科中山大学学习，后来她有幸结识了瞿秋白和杨之华，被他们的人格魅力深深吸引，私下称杨之华为"华姐"，称瞿秋白为"大姐夫"。她与丈夫潘家辰被派到湘鄂西根据地工作，由于抵制"左"的那一套，"肃反"中潘家辰被冤杀，她死里逃生，一路行乞回上海找中央申述，王明一派根本不理睬她，是杨之华拿出省下来的十元钱塞给她，不至于让她饿毙街头。后来她一路辗转来到中央苏区，惊喜地与瞿秋白重逢，瞿秋白帮她安排妥了工作。她关切地问："华姐呢？怎么没来？"

瞿秋白讲了讲情况，念叨说："之华快来了，之华快来了……"

庄东晓回忆说，老战友们深知瞿秋白长期带病工作，一再要她注意照料。为了买到一条鱼和几个鸡蛋，有时要跑好远；当煮好送到他面前时，他总要问东西哪来的，旁人有没有的吃，推来让去。他三天两头发低烧，时常咳血，有时他实在支持不住了，不得不卧床，但躺在床上还是要看文件，谁劝也不听。

为了让瞿秋白多休息一会儿，庄东晓有时喊冯雪峰过来，陪瞿秋白聊聊天。冯雪峰当时在苏区中央党校担任副校长。他比瞿秋白早来瑞金一年多，因为在上海他被国民党特务跟踪，党组织才决定调他来苏区。二人见面，总是自觉不自觉地谈到鲁迅。只要听到他俩的谈笑声，庄东晓便感到轻松多了。

从踏进瑞金，到离开瑞金，差不多一年时间，瞿秋白在教育部部长的岗位上尽心尽责，他办教育，兴文化，办报纸，办学校，办剧团，办图书馆，能办的都办了。当时赋闲的毛泽东亲眼看到瞿秋白在这方面的贡献。1939年5月，诗人萧三回延安，和毛泽东散步时，谈起牺牲的何叔衡、蔡和森、瞿秋白，毛泽东沉默了许久。

第五次反"围剿"失败已经在预料之中，早就有红军进行战略大转移的传言，人们也都在默默地进行准备，瞿秋白也打好了几双草鞋。但是最后宣布名单时，他万万没有想到，他会被留下来。

有人认为，留下的人有些是被当作包袱甩下的，理由是红军要走远路，身体不好的，不宜长途行军，要精简留下。瞿秋白身患重病，手无缚鸡之力，又戴着高度近视眼镜，不宜战略大转移。

当时给李德担任翻译的伍修权后来说，某些"左"倾领导者不喜欢的干部，则留在根据地打游击，被他们乘机甩掉。如瞿秋白同志，他的身体很不适应游击环境，结果不幸被俘牺牲……

这只是一种说法。还有一种说法，笔者查阅相关资料得知：中央从苏区撤退时，由于对游击战争的形势及困难认识不足，以至于各级仍保留一套架子，留下一批干部，试图守住一小块红色阵地，并不是存心让他们牺牲。总要有干部留下，政治局委员项英留下挑头，担任新成立的中央分局书记。1937年春，朱德对采访他的美国记者史沫特莱说："我们留下许多能干的军事、政治和群众的领导人，司法委员何叔衡、前任党委书记、当时任教育委员的瞿秋白都留下来未走。"

中央带八万大军走了，留下一万八千人作掩护，打游击，当然留下的并非主力。八万多人突围后，走到陕北只剩八千人，也是一样地重大牺牲。

但不管怎么说，瞿秋白的政治命运与人生际遇就在这一刻遭遇了不可逆转的历史节点。

担任中华苏维埃共和国临时中央政府国民经济部部长的吴黎平（后改名吴亮平）和瞿秋白吃饭，算是告别。席间，瞿秋白因为内心不平静而多喝了几杯，吐出几句令人感慨万千的临别赠言："你们走了，我只能听候命运摆布了，不知以后怎样。我们还能见吗？如果不能相见，那就永别了。我一生虽然犯过错误，但对党对革命忠心耿耿，全党同志有目共见。祝你们前途顺利，祝革命胜利成功，我无论怎样遭遇，无论碰到怎样逆境，此心可表天日！"

吴黎平听得心中酸楚，便去见毛泽东，说："秋白这样的同志，怎么能够不带走？"

毛泽东只能摇摇头，说他也提了，但是他的话不顶事。而且他的三弟毛泽覃、弟媳贺怡也在留下的人员名单里。毛泽覃几个月后战死。

瞿秋白自己也做过努力。他去找张闻天要求同走，张闻天表示同情，可是，高级干部名单，一律由中央最高"三人团"（博古、李德、周恩来）决定。张闻天心有所动，又去找博古，要求带瞿秋白走。博古仍是不同意。

事已至此，就像半年多前党要他离开上海时一样，这一回，最终他平静地接受了，用他自己的话说："觉得病躯不胜万里奔波之苦，故亦安之。"

冯雪峰将随主力红军转移，担任红九军团地方工作组副组长，临行前他特地来向瞿秋白告别。两位挚友依依不舍，瞿秋白紧紧握住他的手说："雪峰，不要为我的安全过分担忧，你们突围北上，道路更险阻，让我们共同来承受严峻的考验吧！"然后，他脱下身上的长衫，说："雪峰，这件衣服伴我七八年了，留下过与鲁迅先生共同战斗过的痕迹，现在给你做个纪念，伴着你出征吧！"

瞿秋白就这一件像样点的便装，冯雪峰想推辞，但是看到瞿秋白的眼神，他没有再说什么，默默地看着瞿秋白把长衫披在自己肩上。两人用力握一下手，冯雪峰扭头，含泪走开了。出发时，冯雪峰带着一捰草鞋，一条自己缝制的长筒形军用粮袋，把瞿秋白赠送的长衫结结实实包扎在挎包里，无论长征路上多么艰苦卓绝，他都没有遗失那件长衫。

其实，很多人并不知道，把瞿秋白从上海调到瑞金，是冯雪峰出的主意。1933年年末，他担任党校教务主任，校长是张闻天兼任。有一天，张闻天和几位中央领导闲谈，谈到一些干部的人选，当时冯雪峰也在场。他们谈到有人反映

★ 瞿秋白送给冯雪峰的长衫

苏区教育部门的工作不给力,张闻天提出让瞿秋白来主持教育工作,问冯雪峰,秋白能不能来?冯雪峰说,他是共产党员,让他来一定会来的。随即在张闻天安排下,由冯雪峰起草了电报发往上海。瞿秋白就这样来了。

瞿秋白牺牲之后,谁都不愿再提及冯雪峰当初的建议,更无人把责任推到他头上。毕竟他当初是想让瞿秋白发挥才干,来领导苏区教育文化工作,开创一个新局面。事实上,瞿秋白也做到了。况且临时中央都从上海迁瑞金来了,上海早已无法立足,这儿总比上海安全些。

此时,面对敌人铁桶般的合围,走也好,留也好,前路都是"生死两茫茫",谁知道以后的路会怎样?都是以后才知道结果啊!

或许是对老友心里有一丝歉疚,新中国成立后,冯雪峰担任人民文学出版社社长、总编兼《文艺报》总编,他还不忘出版《瞿秋白文集》。他工作非常繁忙,常常是夜里加班编辑瞿秋白的遗稿,感觉就像鲁迅说过的"手中好像捏着一团火",为此花费了大量心血。1953年至1954年,终于出版了第一套200多万字共4册8卷本《瞿秋白文集》。不久,他即卷入政治风浪,直到1976年去世。

徐特立也来瞿秋白住处告别,他比瞿秋白大22岁,两人在莫斯科就熟悉,这半年多并肩工作,结下深情厚谊。瞿秋白看到跟随徐老的马夫身体瘦弱,坚持要把自己身体强壮的马夫换给徐老,因为徐老要走更远的路。

队伍陆续开拔,瑞金冷清了许多。这天,因腿伤也被留下的陈毅见到瞿秋白,马上让出自己的一匹好马,劝他赶紧去追队伍。见陈毅并不知情，瞿秋白说明原委，感谢了陈毅的关心。其实他们之前联系并不多，陈毅因为佩服瞿秋白的人品和文章，才这样做的。

瞿秋白留下后担任新成立的中央分局宣传部部长，继续担任《红色中华》报主编。这张报纸之前在瞿秋白的领导下，质量有很大提高。中央和红军主力秘密转移后，需要报纸进行掩护，瞿秋白仅带少数几人，尽力保持报纸原样，仍以报道战争通讯为主，刊载电台收到的各苏区捷报，借以制造烟幕，迷惑敌人；同时号召各地百姓坚壁清野，储粮备战。随着形势愈发恶劣，报纸由每周三期减少至两期，最后一周一期，但仍如一面旗帜那样屹立不倒。这期间的许多稿件为瞿秋白亲笔撰写。

1935年的新年来到了，在中央分局驻地，陈丕显见到了瞿秋白，他脸色很不好，面目浮肿，正在自己动手煮稀饭，柴草很湿，满屋是烟，他不断地咳嗽。陈丕显感到十分怅惘："像他这样的身体，怎能坚持打游击呢？"

敌人的包围圈越缩越小，兴国、宁都、长汀、瑞金、于都相继失守。根据长征途中的中央政治局电报指示，项英等中央分局领导决定分散突围。突围之前，陈毅说，像秋白这样的病号，最好让他们穿上便衣，到白区隐蔽，打游击是吃不消的。于是，中央分局决定将瞿秋白和中共元老、苏维埃最高法院院长何叔衡，以及分局书记项英的孕妻张亮一起，由邓子恢率一个排护送，向福建方向转移，然后经广东去香港，从香港再去上海。这是一个当时所能做的最好的安排。

瞿秋白临动身之前，写了一张纸条，托人给庄东晓送去。他用俄文写的，抬头是她的别名："她娜：再见了！望你锻炼得比钢铁还强。"庄东晓握着纸条，眼泪流下来了。1953年，她与杨之华在北京重逢，杨之华特意在卧室加了一张床，两人并躺夜话，她把瞿秋白在苏区时的情况讲给她，告诉她瞿秋白是多么想念她，经常念叨着：之华快来了，之华快来了……杨之华听到这里，双手掩面，默不作声，泪水早已浸湿她的枕巾……

1935年2月11日，瞿秋白一行离开原驻地，向福建转移。途中，中华苏维埃共和国临时中央政府司法部部长、检察长梁柏台的妻子周月林也加入进来，周月林是临时中央政府妇女部部长，和瞿秋白、杨之华在莫斯科就很熟悉，是项英安排她加入这个"老病孕"小组的。她身体好，组织让她多照顾一下别人。

大约十天后，疲惫不堪的他们在会昌县境内的汤屋遇到中共福建省省委书记万永诚。万永诚又加派了一些人护送，三天后渡过汀江，2月24日拂晓，来到长汀县水口镇小迳村附近，不幸被村里的地主武装"义勇队"发现，"义勇队"马上派人到水口镇告密，国民党保安团包围了小迳村。邓子恢指挥部队掩护瞿秋白等"老病孕"爬上村后一座叫牛庄岭的山包。然而敌人越聚越多，双方发生激战，混乱中瞿秋白、张亮、周月林与邓子恢、何叔衡以及掩护的人员走散。年近六十的何叔衡再也奔跑不动，眼见敌人追上来，他不愿拖累众人，对邓子恢喊道："子恢同志，不能当俘虏，我革命到底了！"随即挣脱架着他的战士，滚下了山崖。后来据敌人方面称，何叔衡当场并未摔死——两个团丁打扫战场，搜刮他身上的钱时，他醒了过来，他抱住敌人的腿欲搏斗，结果被敌人开枪射杀。何叔衡是党的一大代表，他用悲壮的死，实现了他"我要为苏维埃流尽最后一滴血"的誓言。

邓子恢是福建当地人，人熟路熟，最后带着几个战士突围而去。

瞿秋白和两位女同志躲在牛庄岭山包上，久久不敢露面。而山下的敌人并未撤走，伺机而动。当他们发现一棵树摇晃，连树上的小鸟也飞走了，断定山上有人，于是，撒网合围而来……

三个人就这样被俘了。

被俘之初，三人被关在上杭县监狱。他们按照提前编好的"口供"，咬紧牙关，坚决不承认是共产党。一个多月过去，居然渐渐让敌人失去警惕。瞿秋白坚称自己叫"林琪祥"，是名医生，上海人，来上杭治肺病时，不料被红军抓住，被迫做了军医。双方交战，他借机逃跑途中，不料又被国军抓住。张亮、周月林也用类似的假口供蒙混过关。周月林因为懂点医，坚称自己是护士，正值抓住她的国民党保安团二大队队长李玉的老婆要生孩子，李玉便把她带到家里侍候产妇。上杭当地有个糖果铺老板没有子嗣，听说张亮有身孕，便花了些钱打点，将张亮保出，当了他的姨太太。

瞿秋白以身体有病为由，也要求释放。李玉提出了保释条件，需要一笔保释金，一个铺保，允许他给上海的朋友或家人写信求助。瞿秋白以林琪祥的名义给上海的鲁迅、周建人和杨之华各写了一封信。

因为不能暴露真实身份，更不想因之牵连收信人，所以这几封信写得都很含糊——

> 我在北京和你有一杯之交，分别多年没有通信……到福建上杭养病，被红军俘虏，问我做什么，我说并无擅长，只在医科大学读了半年，对医学一知半解。以后，他们决定我做军医。现在被国民党逮捕了，你是知道我的，我并不是共产党员，如有人证明我不是共产党员，有殷实的铺保，可释放我。
>
> 　　　　　　　　　　林琪祥

　　在商务印书馆工作的周建人最先收到信，他对内容感到大为疑惑，但认出笔迹是瞿秋白的。他们也是老朋友，字不会认错。鲁迅也收到了信，他和弟弟周建人商量，鲁迅说："'瞿'字上面是双木，目木同音，双木为林，至于'琪祥'，那是一个很普通的男人名字。"鲁迅凭感觉认为这就是瞿秋白的来信。但是，杨之华不知家搬到何处了，那一阵到处躲警报，鲁迅花了好多天才找到她。她拿到信，焦急万分，一天一夜未曾合眼。由于党的地下组织都遭破坏，无法依靠党组织去营救身份未暴露的瞿秋白，只能自己想办法。她没有钱，只能求助于鲁迅，鲁迅当即答应想办法。但是找一家店铺为一个狱中人担保，一时很难找到。杨之华费了好大劲，才辗转找到一个旅馆老板写下铺保证明。

　　杨之华又亲手做了两条裤子，连同鲁迅送来的50元保释金、铺保证明，一同寄往上杭。但是这么一来二去的耽搁，前后用了差不多两个月的时间。

5月11日,《中央日报》登出了"匪首瞿秋白就逮"的消息。杨之华看到报纸,惊叹瞿秋白"不能活了"。

营救计划就此落空。据说鲁迅得知消息,木然坐在那里,一言不发,头也抬不起来了。

6月初,鲁迅给曹靖华写信:"它事(指瞿秋白被捕)极确,上月弟曾得确信,然何能为。这在文化上的损失,真是无可比喻。"6月11日,鲁迅似乎已有先觉,对曹靖华说:"它兄(指瞿秋白)的事,是已经结束了,此事还有何话可说。"

后面发生的事情,尤其一些重要的细节,大都是新中国成立之后,前后历经几十年才逐渐梳理清楚。当时因为最直接的当事人瞿秋白牺牲,再也不能开口,那些"咬"出他的叛徒、关押审查他的人、对他行刑的人,以及他在就义前的种种表现,方方面面的事,在当时外人是不可能知道的。直到新中国成立之后,瞿秋白怎样被捕、身份怎样暴露乃至就义前后的大量细节,经有关部门的不断挖掘考证,当事人的现身说法,才逐渐拼凑起来,形成现在基本真实的过程。

历史往往都是这样,需要时间来丰富它的细枝末节。

话说1935年5月9日那天,原本在上杭县政府监狱里等待保释的瞿秋白,突然被从长汀赶来的国民党三十六师的重兵押回长汀师部。师军法处处长吴淞涛开庭组织审讯,瞿秋白仍然坚称他是林琪祥,吴淞涛当即叫进来一个人,问瞿秋白:"你认识他么?"

瞿秋白答道:"不认识。"

吴淞涛又问这个人:"你认识他么?"

这个人指认道:"他就是瞿秋白,是中央工农民主政府教育文化委员会委员。"

吴淞涛进一步问："没有认错人吧？"

那个人答："没有认错。"

于是，吴淞涛转而问瞿秋白："你听到没有？你还有什么可说的？"

瞿秋白说："事已至此，没有什么可说的。"

瞿秋白的真实身份，至此终于暴露。吴淞涛说："明明你是瞿秋白，为什么来冒供林琪祥呢？"

秋白淡淡一笑，答道："过去的呈文、供述，算是我做了一篇小说罢。"

新中国成立后才搞清楚，那个在现场指认他的，名叫郑大鹏，曾在中央苏区教育部工作过，担任收发员。瞿秋白身份暴露之后，张亮和周月林也被重新收押。

但是此后很多年里，我方一直认为是保释出去的张亮或者周月林向敌人出卖了瞿秋白。可是张亮和周月林被收监后，又被判了十年徒刑。如果是她们告密，想来敌人不会再判她们刑。

抗战爆发，她们提前出狱，周月林辗转无着落，最后和上海的一个穷苦船工结婚。1955年，她在上海以叛徒罪名被逮捕，她坚信自己清白，不断地申诉。直到1979年，有关部门在民国一张旧报纸上，发现了"赤共闽省书记之妻投诚，供出匪魁瞿秋白之身份"的报道，这一发现与郑大鹏现场指认的资料结合起来，形成了证明周月林清白的有力证据。原来在瞿秋白等人被捕一个多月后，万永诚牺牲，其妻徐氏被捕，是她供出瞿秋白、张亮、周月林被捕的情况。张亮和周月林沉冤得以昭雪，1979年年底，坐了24年牢的周月林被平反，政府安排她享受离休老红军待遇，她晚年搬到前夫梁柏台（梁于1935年春牺牲）老家居住，1997年，她离世，享年91岁。而张亮就没那么幸运了，她出狱后去新四军找项英，一种说法她被项英枪毙，另一种说法项英赶走了她，她后来去了延安，最后为康生所害——总之她彻底失踪，再无任何关于她的消息。

话说瞿秋白身份暴露后，国民党方面如获至宝，师长宋希濂亲自安排他的食宿，把他囚禁在汀州试院（古代秀才应试之地，三十六师部所在地）一间较宽敞的房子，给予一定自由，伙食按照师部人员标准，规定自师长以下一律称他"先生"，禁用刑罚，希望争取感化他。

28岁的宋希濂师长想方设法劝降，一次次无功而返。这期间，瞿秋白于5月13日写出四千字的"供词"。说是"供词"，其实是宣传和颂扬苏区的，不仅阐述苏区在政治、经济、文化等方面所取得的成绩，更驳斥了国民党方面对苏区的种种污蔑。

在这里，瞿秋白比较悠闲，身体也调养得不错。除了写点东西，他还给看管他的人写写书法、刻几枚图章，他们都当宝贝一样拿走。一位名叫陈炎冰的军医负责给他看病，陈炎冰很正直，他特别佩服瞿秋白这样的文化人，二人居然有了一点交情。瞿秋白将在狱中照的一张半身照片赠给陈炎冰，并在照片背面题词——

"如果人有灵魂的话，何必要这个躯壳！但是，如

★ 1935年5月，瞿秋白狱中照片及题词

果没有的话,这个躯壳又有什么用处?"这并不是格言,也不是哲理,而是另外有些意思的话。

秋白 一九三五年五月摄于汀州狱中

他还另赠陈炎冰三首诗词,以及一封写给郭沫若请陈炎冰代寄的信。这些革命文物后来历经无尽的曲折,穿过漫漫的历史黑障,才得以传到今天。上面那几句著名的话,也才没有被历史的黑洞吞没。

5月17日至22日,瞿秋白用六天时间做了一件影响深远的事——他写出了大约两万字的《多余的话》。这是他身后盖棺不能定论的最重要原因。

年轻的宋希濂劝降无效,他真的说不过瞿秋白。他很沮丧,本想立个大功。没办法,他只好向南京如实汇报。蒋介石也没那个耐心,6月2日就下达密令:"瞿匪秋白即在闽就地枪决,照相呈验……"电报发给了宋希濂的上司蒋鼎文。掌控中统的陈立夫却不甘心,总想从瞿秋白身上做篇大文章,于是请蒋鼎文先把蒋的密令压一压。

这又让秋白多活了十余天。

陈立夫手下有一员干将,名叫王杰夫,中统训练科科长,是个劝降高手,立功无数。于是,陈立夫决定派王杰夫去长汀露一手。

王杰夫带一个名叫陈建中的特务一同前往。陈建中早年曾加入共产党,担任过共青团陕西省领导,后来叛变,成为中统行动科干事。二人制订了详细完备的劝降方案,信心满满地来到长汀。结果呢,他们一连劝了六天,以吃饭、喝茶、饮酒、下棋等方式劝降谈话七次,以审讯方式谈了两次,嘴皮子都磨破了,苦口婆心,许诺了各种优厚条件,"好话"说尽,却白费功夫——无论是宋希濂也好,还是这两个南京派来的劝降专使也好,对瞿秋白的劝降,一概无效。诚如他在《多余的话》里面所写的那样:"我的思路已经在青年时期走上了马克思主义的初步,无从改变。"

宋希濂希望把瞿秋白押送南京,可在6月16日那天,他先后接到蒋介石6月2日的密令和蒋鼎文"限即刻到"的电令,要求将瞿秋白就地处决具报。

宋希濂和参谋长向贤矩商定,于18日上午10时执行枪决。宋希濂晚年谈起此事,感慨道:"这是我一生中最大的憾事。"让他良心稍感安稳的是,他从未对瞿秋白用刑,一直"优待"于他。

6月17日晚,三十六师参谋长向贤矩奉宋希濂之命来到瞿秋白囚室,向他暗示蒋介石的处决密令,做"最后的努力"。瞿秋白面色不改,平静安睡。

一九三五年六月十七日晚,梦行小径中,夕阳明灭,寒流幽咽,如置仙境。翌日读唐人诗,忽见"夕阳明灭乱山中"句,因集句得《偶成》一首:

夕阳明灭乱山中,
落叶寒泉听不穷。
已忍伶俜十年事,
心持半偈万缘空。

方欲提笔录出,而毕命之令已下,甚可念也。秋白曾有句:"眼底云烟过尽时,正我逍遥处",此非词谶,乃狱中言志耳。

上面文字便是他最后的绝笔。大意是说他夜里做了一个梦,一大早爬起来读唐诗,刽子手进来向他出示枪决命令,他把梦中情境和刚刚集句而成的诗匆匆写下来,成为他最后的绝笔。

瞿秋白走出他住了一个多月的房间,仰面向站在院子里的众官兵看了一眼,他神态自若,缓步从容走出师部大门。后来在场的宋希濂等人回忆,瞿秋白这种从容赴死的无畏之举,令他们这些人既震惊,又感动,他们都默默无言。

先去离师部不远的中山公园照相,公园里没有人,只有两个本地照相馆的摄影师在等候。瞿秋白在武装士兵的押送下,从师部通向公园的边门进入,缓步来到凉亭。随后,他悠然地站在凉亭下,留下了那张后来让无数人难以忘怀的就义前之照。

照片上,他背着手,两腿分开,上身着中式黑色对襟上衣,下身穿白布裤,足穿黑线袜、黑布鞋,一脸的从容平静。

拍照之后,有士兵在凉亭石桌上摆上酒菜。当时在场的《大公报》记者记录道:"全园为之寂静,鸟雀停息呻吟。信步行至亭前,已见小菜四碟,美酒一瓮。彼独坐其上,自斟自饮,谈笑自若,神色无异。酒半乃曰:'人之公余稍憩,为小快乐;夜间安眠,为大快乐;辞世长逝,为真快乐。'继而高唱《国际歌》,以打破沉默之空气……"

★ 瞿秋白就义前在中山公园凉亭

酒毕，瞿秋白在武装士兵环护之下，徒步走向约两华里之外的刑场。沿途有不少百姓驻足围观，他缓步而行，手夹香烟，边走边纵声高唱《国际歌》与《红军歌》：

"英特纳雄耐尔，一定要实现……"

1925年的生日那天，瞿秋白曾写下两句诗："万千群众的求生，却成就了我的求死。"

这一刻就要到来。

刑场设在城西罗汉岭下。瞿秋白驻足于岭下一块草地上，他环顾一下四周，背后是幽静的小树林，点头微笑说："此地甚好！就在这里。"

他盘膝而坐，双手交叉置于胸前，直面枪口。

随着一声短促尖利的哨音，枪响了……

他的人生，定格在36岁。从此阴阳两隔，毁誉由人。

第九章 为了不能忘却的纪念

1935年夏天，14岁的少女瞿独伊和国际儿童院的同学正在乌克兰第聂伯罗彼特罗夫斯克参观学习。一天，几个同学围着一张报纸一面看，一面嘀咕着什么。她觉得好奇，上前问道："你们干什么？给我也看一看。"他们居然把报纸藏了起来！她感到很奇怪，便一把将报纸夺了过来。

这是一张《共青团真理报》。瞿独伊一眼瞅见，上面刊登着"好爸爸"的一张照片。她仔细看：天哪！上面登载了好爸爸牺牲的消息……

她不相信，不相信！然而，她的眼睛瞬间模糊了，她大声哭了起来……

她感觉也就从这一天起，她真的长大了。她盼着妈妈从国内过来看她，没有了好爸爸，她更加思念妈妈。

瞿秋白6月18日长汀就义的消息第二天就登在各种大小报上。杨之华的母亲看到报纸，即刻从萧山老家赶来上海，见到女儿，就要带她回老家，说趁年轻回家找个好人家嫁了，一样过日子，她才34岁。杨之华坚决不同意，她要继续干革命。母亲劝说无效，伤心地离去。

8月初，在地下党组织的帮助下，杨之华和陈云、陈潭秋、曾山等人赴莫斯科参加共产国际第七次代表大会，他们从上海乘一艘货船先到海参崴（今名符拉迪沃斯托克）登陆，为了保证他们安全，苏方派人持枪装作押送走私犯的样子，把他们从港口押到公安局。然后他们乘火车奔赴莫斯科。杨之华一进入会场，中共代表团的成员都亲热地同她握手，实则人们在默默地安慰她。她失去了亲人，内心的悲痛是可以想象的，可是在踏进会场那一刻，谁也看不出她脸上有任何的痛苦，她用坚毅和沉着表现出一个成熟女革命家的不屈品格。

大会闭幕后组织上同意杨之华留下，担任国际红色救济会常务委员，她这才见到瞿独伊，并把女儿接到莫斯科。白天她紧张地工作，晚上夜深人静，她在灯下打开瞿秋白的遗作和信件，不时地流下眼泪。瞿独伊不知道该怎么安慰妈妈才好，就说："妈妈，你别哭，我给你唱歌好吗？"她唱了一支又一支，到最后，杨之华一把把她搂在怀里……

一晃几年过去了。

1941年6月，苏德战争爆发，根据中央关于部分留苏人员回国参加抗战的决定，杨之华准备带已经在苏联生活了十三年的瞿独伊回国。临行前，她和女儿专程去跟鲍罗廷夫妇告别。从瞿秋白、杨之华1930年秋从苏联回国，到杨之华1935年秋来莫斯科这五年，多亏了鲍罗廷夫妇照顾瞿独伊。鲍罗廷1927年从中国回苏联后，受到冷遇，长期在《莫斯科新闻》英文版担任编辑主任，该报创办人和主编是安娜·路易斯·斯特朗——没错，就是那个曾经访问过延安，并多次见毛泽东、周恩来、朱德的美国著名女记者。1949年，鲍罗廷受斯特朗间谍案牵连，被遣送到西伯利亚改造，1951年死于劳改营。后来，苏联政府恢复了他的名誉。可以说，鲍罗廷在中国工作的四年也是他一生中最高光的时刻。

杨之华和瞿独伊分别化名杜宁、杜伊辗转踏上归国之路，途经迪化（乌鲁木齐）时被军阀盛世才扣押囚禁。在敌人的监狱中瞿独伊不仅经受了考验，还光荣地入了党，作为母亲的杨之华为此特别欣慰。母女二人既是狱友，又是战友。

在党的营救下，坐了五年牢的杨之华母女等百余共产党人终于被释放。杨之华等人赴延安途中，丁玲在《晋察冀日报》发表了《谈大众文艺——纪念瞿秋白同志被难十一周年》的文章，首次把瞿秋白在三十年代大力提倡的文艺大众化，与毛泽东在延安文艺座谈会上的讲话联系起来。这篇文章很有见解，文章发表的这一天正好是瞿秋白牺牲日，也是给即将来到延安的杨之华一个不同寻常的"见面礼"。

1946年7月11日，杨之华等人终于踏上延安这片红色的土地。第二天早上，毛泽东专程来看望大家，并和杨之华等人一一握手。不久，毛泽东又请杨之华等到家里吃饭、谈话,还说:"秋白是好同志。"

这年11月,周恩来见到杨之华时,杨之华因为想起瞿秋白心中难过,禁不住流了泪。周恩来安慰她要保重身体,好为党工作,关于瞿秋白的事会有一个好结论。

周恩来所说的结论,就是1945年4月20日中共六届七中全会通过的《关于若干历史问题的决议》,其中写道——

> 六届四中全会及其后的中央,一方面提拔了那些"左"的教条主义和宗派主义的同志到中央的领导地位,另一方面过分地打击了犯立三路线错误的同志,错误地打击了以瞿秋白同志为首的所谓犯"调和路线错误"的同志……所谓犯"调和路线错误"的瞿秋白同志,是当时党内有威信的领导者之一,他在被打击以后仍继续做了许多有益的工作(主要是在文化方面),在一九三五年六月也英勇地牺牲在敌人的屠刀之下。所有这些同志的无产阶级英雄气概,乃是永远值得我们纪念的。

这是牺牲后,中共中央第一次以决议的形式对他做出重要的历史评价。

这算是第一次为瞿秋白公开平反。

遵照周恩来的嘱咐,杨之华认真学习了决议,认为决议"对秋白的功过做了实事求是的评价"。这对她来说,是个莫大的安慰,原先压在心上的沉重大石头终于被卸下,她觉得可以告慰九泉下瞿秋白的英魂了。

瞿秋白短暂的一生,留下500万字的著述和译作。杨之华特别想为瞿秋白出一套文集，以便让更多的读者读一读瞿秋白的文章。战争年代，一切为了革命胜利，她没有机会做这件事。新中国成立后，和平来临了，她于1950年给毛泽东写了一封信，说了自己的愿望，请他给题个词。

她没有想到，日理万机的毛泽东很快就把题词邮寄给了她，连信封都是毛泽东亲笔所写。题词的原文是——

瞿秋白同志死去十五年了。在他生前，许多人不了解他，或者反对他，但他为人民工作的勇气并没有挫下来。他在革命困难的年月里坚持了英雄的立场，宁愿向刽子手的屠刀走去，不愿屈服。他的这种为人民工作的精神，这种临难不屈的意志和他在文字中保存下来的思想，将永远活着，不会死去。瞿秋白同志是肯用脑子想问题的，他是有思想的。他的遗集的出版，将有益于青年们，有益于人民的事业，特别是在文化事业方面。

这是毛泽东唯一一次对瞿秋白单独做的评价。

但是由于种种复杂的原因，1954年前后出版的第一套《瞿秋白文集》并没有收入毛泽东的这个重要题词，一直等到1985年，中央为瞿秋白彻底平反后，才首次发表在人民文学出版社出版的《瞿秋白选集》中。

后来发生的事情，可以说，完全与《多余的话》有关。

瞿秋白和方志敏一样，二人都在狱中留下最重要的文稿。《多余的话》和方志敏的《我从事革命斗争的略述》相比较，两人的文风和所表现的情感差异明显，同样是回顾一

★ 杨之华在家中与瞿秋白遗骨留影纪念

生,方志敏自豪地回顾了领导革命斗争的历史,文中充满自信、积极、刚正和激情,后来一直是爱国主义和革命英雄主义教育的必备范本。而瞿秋白《多余的话》一文,大胆地剖析了自己一生的思想、政治道路,其中流露出浓厚的伤感、消沉的情绪。很多人以此误解和曲解,认为他是"晚节不保"。

从二十世纪三十年代瞿秋白就义,到八九十年代,《多余的话》一直是党史界和瞿秋白研究者最感兴趣的话题之一,充满争议,各种分析和臆断层出不穷。

瞿秋白这份自传,可以看作遗书,它引用《诗经》上的四句话开头——

> 知我者,
> 谓我心忧;
> 不知我者,
> 谓我何求。

全文共分七个部分:何必说?(代序)、"历史的误会"、脆弱的二元人物、我和马克思主义、盲动主义和立三路线、"文人"、告别。目前为止,人们看到的《多余的话》全都是抄件。就内容来看,它只能是瞿秋白所作,当然也不能完全排除国民党方面为了增强宣传效果,对其进行了增删篡改。

1935年八九月间,国民党中统主办的《社会新闻》部分登载了《多余的话》。这让外界首次知道瞿秋白留下了遗作。《社会新闻》加编者按语称:"瞿之狡猾恶毒,真可谓至死不变，进既无悔过之心，退亦包藏颠倒黑白之蓄意，故瞿之处死，实属毫无疑义。"

1937年4月起，当时有影响的文史类半月刊《逸经》杂志连载了全文，并附上署名"血华"的人写下的一段话："有人说，瞿秋白这篇《多余的话》，实在太是'多余'的，他的字里行间，充分地流露了求生之意；这对于共产党，要算是一桩坍台的事。我觉得瞿秋白这样历尽沧桑的人，到如此地步，对生死还不能参透，是不会有的事，我们不应从这方面去误解他。"

可见，国民党方面并未把《多余的话》当作瞿秋白临死变节的悔过书——退一步讲，如果他变节的话，蒋介石也决不会仓促下令处决他。

随着时间推移，《多余的话》在社会上逐渐流传开来。杨之华认为是假的，她的理由是——要是真的，国民党出于政治上的需要，一定会把手迹公布出来。

真假问题，无法界定。

对于这篇《多余的话》，在相当长一段时间内，组织内保持着缄默。

在瞿秋白身后，能够从"文学"的层面追思瞿秋白、最理解他短暂一生心路曲折历程的要首推丁玲。在辨别《多余的话》的真伪时，丁玲一眼就认出这肯定出自瞿秋白的手笔，并明确表示了她的赞同、理解与认可。她写道："我第一次读到《多余的话》是在延安，洛甫同志同我谈到，有些同志认为这篇文章可能是伪造的。我便从中宣部的图书室借来……我读着文章仿佛看见了秋白本人……那些语言，那种心情，我是多么地熟悉啊。"读到最后，她"非常难过，非常同情他，非常理解他，尊重他那时的坦荡胸怀"，并认为此"话"不易为一般人理解，"会被某些思想简单的人、浅薄的人据为话柄，发生误解或曲解"。

对于这一切，瞿秋白在就义之前似乎已有了预感，他在《多余的话》中写道："历史的事实是抹杀（煞）不了的，我愿意受历史的最公开的裁判。"

"判断一切的，当然是你们，而不是我。我只要休息。"他又写道。

在极左思潮的影响之下，《多余的话》不可能不被误读，瞿秋白家人也因此遭受冲击。1964年6月，中央工作会议在北京召开，会上点名批判瞿秋白牺牲前写的《多余的话》是"晚节不忠"。

"文革"开始后，《多余的话》被认定为是"自首叛变的铁证""屈膝投降的自白"。康生、江青都曾经在多种场合公开点名"瞿秋白是叛徒"。1967年年初，常州的红卫兵砸毁常州西郊公墓里面的瞿秋白母亲金衡玉墓。5月12日，北京政法学院红卫兵冲进八宝山，砸坏了瞿秋白的墓碑。随之，长汀瞿秋白烈士纪念碑也遭破坏。1972年，中央下发第12号文件，正式定性瞿秋白为"叛徒"。

从1967年到1973年，杨之华被关押了六年之久，最后含冤去世。这位命运多舛的伟大女性、中国妇女运动的革命先驱、1924年入党的老党员，没能等到为她最亲爱的瞿秋白平反昭雪的那一天。1959年至1962年间，她饱蘸心血完成了书稿《回忆秋白》，直到1984年年底才由人民出版社出版。

乌云不会永远遮住太阳。粉碎"四人帮"后,随着拨乱反正的工作逐步展开,在邓小平、陈云等亲自过问下,瞿秋白所谓"叛徒"的甄别问题提上日程。

1980年10月19日,中共中央办公厅向全党全国转发了中央纪律检察委员会做出的《关于瞿秋白同志被捕就义情况的调查报告》。报告指出,瞿秋白同志被国民党逮捕后,坚持了党的立场,保持了革命情操,显示了视死如归、从容就义的英雄气概。他是一位值得尊敬的可歌可泣的革命先烈。至于《多余的话》,迄今未找到手稿,即使就流传的《多余的话》而论,报告再次指出,瞿秋白一没有出卖党和同志,二没有攻击马克思主义、共产主义,三没有吹捧国民党,四没有向敌人求饶、乞求不死的任何内容。

自此,瞿秋白彻底平反,恢复名誉。这已是他牺牲四十五年之后。

尽管平反了,但是关于《多余的话》仍然是一个说不完的话题。

如果想研究剖析《多余的话》,一定要知他、懂他,一定要了解他的革命经历,一定要了解中国共产党的革命历史,一定要了解二十世纪初的中国社会,否则,仅仅看《多余的话》原文,是不能得出正确认识的。他身患重病多年,一介书生,历史把他推到党的高级领导位置上,他不善权术,后期反复经历党内残酷的斗争,饱受内斗之苦,在一定程度上对政治产生了厌倦感。但他同时又在精神生活中力求保持人格的独立、个性的自由,临终之际,不吐不快。他写

★ 瞿秋白遗像前敬献的花圈

道:"现在我已经完全被解除了武装,被拉出了队伍,只剩得我自己了。心上有不能自已的冲动和需要:说一说内心的话,彻底暴露内心的真相……不能够不发作了。"他不加掩饰,和盘托出了自己内心世界中的"自我"与"超我"的矛盾纠葛,是其生命最后时刻真实个性的回归、情感的真实流露,是长期压抑的个性得到释放,内心的"痛、苦、愁、惨"得到宣泄的表现。他是为自己的心灵而写的。

必须指出的是,在这一过程中,他作为一个革命家的信仰,一个共产党人的信仰不会变,而且永远不会变!他从容就义,用行动证明了他的《多余的话》,不是"叛变投降的自白书"。

仔细想想,如果他不留下这篇《多余的话》,他就不会像现在这般完整、丰富、真实,或许也不会像现在这般伟大,而且是真实可信地伟大!

如此说来,不是多余的人写《多余的话》,而是心忧的人,吐尽最后心忧的血。

还是他当年的老友丁玲知他、懂他。1979年年底,丁玲刚刚恢复党籍,进医院做乳腺癌手术之前,毅然以"飞蛾投火"的精神,撰写了《我所认识的瞿秋白同志》,首次披露了大量鲜为人知的细节。谈到对《多余的话》的理解,她深刻地指出:"革命者本来不是神,不可能没有缺点,不可能不犯错误,倘能正视自己,挖掘自己,不是比那些装腔作势欺骗人民,给自己搽脂抹粉的人的品格更高尚得多么?"

这就是丁玲。对于生前历经磨难、身后又充满争议的瞿秋白来说,丁玲是个难得的知音。

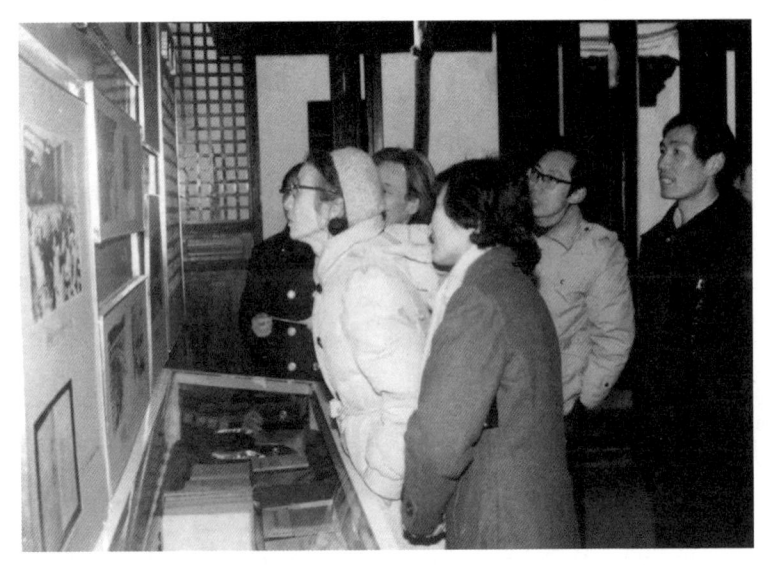

★ 1989年1月29日，瞿秋白女儿瞿独伊参观改版后的瞿秋白生平展

瞿秋白是常州人民心目中的英雄，常州人民对瞿秋白怀有深深的敬意。从新中国成立至"文革"以前，每年都以各种形式纪念他。早在二十世纪五十年代中期，常州市委、市政府就着手修缮破败不堪的瞿氏宗祠，以作为瞿秋白故居对外开放。

1959年，市委派人到北京征集文物并征求杨之华的意见，她很高兴，但提出必须从简修缮，瞿秋白是为革命而死的，修复故居如果花钱太多，那是违背他的遗愿，他死而有知，也是不会同意的，一定要俭省。杨之华具体建议：偌大一所宗祠，只用一小部分就够了，其他的房子，可以办工人识字班，办诊疗所，或者让娃娃们进去读书，让瞿秋白永远身处人民群众之中。她还说，无论如何，不能为了纪念秋白而扰民。

杨之华的答复和要求令常州的同志非常感动。瞿秋白故居修复到一定程度后，这里曾办过机关门诊所，患者来到这里，一面治疗疾病，一面陶冶情操。但是很少有人知道，最初的提议者是杨之华。

在瞿秋白故居修复过程中，曾多次议论请领导人题字的事情，常州方面希望杨之华出面玉成。她当时的职务是全国妇联副主席，以她的影响，办好这件事并不难。但杨之华却不同意，说故居门口挂几个字以资识别即可，何须请领导人书写。她建议，不妨请一位粗通文墨的老工人，或者是一个一年级刚启蒙的小学生来书写，因为它可以体现瞿秋白和普通人民群众的联系。

这些事看似普普通通，却体现了杨之华作为一名老党员的态度，她不愿意为修复瞿秋白故居而过分浪费国家的财物，也不希望纪念瞿秋白太过高调。她心心念念的，是想让瞿秋白与人民群众离得近些。

1964年，刚完成陈列布展的瞿秋白故居开放不久便被迫关闭，撤销陈列，祠堂逐渐被居民用作住房。1980年，党中央为瞿秋白彻底平反后，关于瞿秋白故居和纪念馆的事又重新提到议事日程上来。1985年6月18日，瞿秋白就义50周年之际，在修缮后的瞿氏宗祠基础上辟设的纪念馆正式开馆，从此它成为常州的一张城市名片，吸引着来常州的人前来驻足。

经过十多年的运行之后，原来设在故居中简陋的纪念馆无库房，陈列受到很大限制，已不能适应新形势下的需求，尤其是1999年1月又将迎来瞿秋白100周年诞辰纪念日。市委决定在故居东侧新建纪念馆，由市委宣传部牵头落实，具体由副部长李冠玉负责。1998年夏天，为了赶工期，李冠玉时常盯在施工现场，甚至还亲自挥起大铁锤敲砸故居门前小广场上的一个碍事的水泥亭子。新馆建设的经费、地块、搬迁问题全是令人头疼的事，为了解决这些问题，李冠玉跑上跑下，不知跑了多少个单位。当这一切问题都解决了之后，却又有人提出中共中央办公厅曾经发过关于严格控制建立纪念设施的通知，这个工程不符合政策，不能建设。纪念馆扩建报告呈上去，却没有下文。为此，工程停建了很长时间。

眼看就要到瞿秋白百年诞辰纪念日，再不抓紧推进就赶不上纪念活动，走正常的程序已不可能完成。这个时候，市委宣传部部长张晓霞勇敢地站出来,顶着巨大压力和风险批示:边建边审批,质量不能减,工期不能误。

正是由于张晓霞的担当,瞿秋白纪念馆的建设才如期完成,常州才有了一个较为体面的场所供来宾和市民纪念瞿秋白。今天看来张晓霞的那个决定是多么正确和可贵。

尤其令人感佩的是,当时有不少市民为建纪念馆捐款捐物。天马集团青年女工陈红,参加全国玻纤操作大赛荣获第一名,她把所得的两千元奖金全部捐给纪念馆,用于瞿秋白铜像的制作,她成为第一个捐款人。此后,社会各界纷纷捐款,共捐资三十八万余元,用于雕塑瞿秋白铜像。

常州籍的香港环宇集团董事长杨克平非常崇拜瞿秋白的品格,多年来一直热情资助瞿秋白的研究事业。1985年建馆,他捐助一万元;瞿秋白少年好友羊牧之出版纪念瞿秋白的诗集,他捐助两万元;瞿秋白就义60周年纪念会,他资助会议五万元;徐州师范大学成立瞿秋白研究基金会,他出资十万元。他不是共产党员,但他的高风亮节,使常州人民感动不已。

在常州的几天里,笔者每天都在瞿秋白纪念馆和故居徜徉,感到二者结合得相得益彰,它们既分开,又融为一体,风格一致。布局上,故居在前,纪念馆在后;故居门檐下悬挂着茅盾题写的"瞿秋白同志故居",纪念馆大门上方镶钉着邓小平题写的"瞿秋白同志纪念馆"。整个纪念馆建筑极具有江南风格,占地很小,只有大约一千平方米,十分紧凑,朴实无华,但内容厚重,这也正好符合了杨之华生前的愿望——不要花钱太多,一定要俭省。

★ 1996年，常州天马集团青年陈红将自己在全国玻纤操作比赛中获得的2000元奖金捐献给瞿秋白纪念馆，作为瞿秋白铜像的第一笔捐款

瞿秋白纪念馆的创建与发展，是历史的一面镜子。

半个多世纪以来，有一批专家学者主动投身瞿秋白研究，他们发自内心地深爱瞿秋白，甚至把研究和宣传瞿秋白当作自己的终生事业。他们何以如此？这当然与瞿秋白生前的革命功绩、理想操守和人格魅力息息相关，还与他身前身后的不幸有关，人们同情瞿秋白的不幸，与自身的切身经历联系起来，从而引起心底的强烈共鸣，"飞蛾投火"般投身瞿秋白研究事业。

"文革"结束后的转轨时期，中国社会科学院近代史研究所研究员陈铁健站在历史与现实的转折点上，以极大的勇气和胆魄，从政治与学术的角度出发，写了《重评〈多余的话〉》一文。这一重磅文章在1979年《历史研究》杂志第3期上发表。他在文中首次喊出一个学者的正义之声："《多余的话》是一个活生生的，内心充满矛盾的，襟怀坦白而又心情复杂的人，在临终之际所作的一篇自白。它不仅无损于烈士的革命大节，相反，它以罕见的自我解剖，深刻地表现了瞿秋白的内心世界的种种矛盾，它既有长处，也有弱点；既有令人夺目的光辉，也有使人不爽的灰暗。光辉是主要的，灰暗是次要的。"文章还呼吁，对瞿秋白不仅应予平反昭雪，而且应当为他树碑立传。这一文章可谓石破天惊，在史学界迅即引发了一场对《多余的话》的学术大争鸣，打破了瞿秋白研究禁区的栅栏。不久，陈铁健加入中纪委派出的瞿秋白案件复查组，为尽早尽快为瞿秋白平反付出了自己的一腔心血。

中国社科院研究生院原院长温济泽，1930年——他16

★ 2019年，瞿秋白生平事迹展开展仪式

岁那年,在江苏淮阴上中学的他因为读了两本瞿秋白的书,毅然秘密加入共青团,后转为共产党员。那两本书,一本是瞿秋白编译的《社会科学十二讲》,使他懂了些马克思主义的入门知识;一本是瞿秋白在党刊《布尔塞维克》上连载的五篇文章汇集,使他懂得了只有中国共产党才能够救中国。从此他把瞿秋白看作是自己走向革命的引路人,对他深深地敬仰。后来他到上海搞地下工作,被捕后被判刑12年。他在狱中得知瞿秋白高唱《国际歌》从容赴死的大义之举,至为感奋,以瞿秋白的精神鼓励自己,在狱中与敌人斗争。抗战爆发后,他被提前释放,之后赶赴延安到党中央机关报《解放日报》任副刊编辑。自"文革"前,他先后写了20多篇纪念和研究瞿秋白的文章,其中有几篇发表在《红旗飘飘》和《人民文学》上。瞿秋白平反后,中央决定出版《瞿秋白文集》,中央党史研究室主任胡乔木把这项任务委托给周扬和他,两年后周扬病重,他一个人把这副担子挑了起来。他带领二十几个从各单位抽调的"志愿兵",历尽艰辛,终于将十四卷本500多万字的《瞿秋白文集》编辑出版,这是对瞿秋白一生革命到死、勤奋笔耕的最好回馈,也是对他最好的纪念。

85岁那年,温济泽坐着轮椅参加瞿秋白100周年诞辰座谈会,他在发言中动情地说:"秋白在我心里铭刻了70年,像一盏点燃的长明灯,鼓舞我干了70年革命。秋白永生,他的精神与天地共长久,与日月同光辉!"

仅仅两个多月后,他就去世了。

在研究瞿秋白的专家学者中,丁景唐父子卓有影响。

丁景唐曾担任上海市出版局局长，他是我国最早研究瞿秋白的专家之一，二十世纪五十年代就有专著出版，是国内考证出瞿秋白有102个笔名的第一人。杨之华曾赞扬他："丁景唐在瞿秋白研究上是下了真工夫的。"他不仅积极投身研究，还培养儿子丁言模从事瞿秋白研究。丁言模先后出版了十多部研究专著，每一部都不同凡响，而且他还发表近百篇研究瞿秋白的论文，填补了许多学术空白。

瞿秋白90周年诞辰纪念时，陈铁健写信给纪念馆馆长赵庚林，建议搞一个书画展，赵庚林起初犹豫不决，怕募征不到有分量的书画家的作品。没想到征集函发出后，全国各地的著名书画大家和文化大师如赵朴初、臧克家、茅盾、夏衍、启功、沈鹏、张仃、唐云、程十发等纷纷邮寄来作品，而且分文不取，令人感佩！

丁景唐把自己珍藏的郭绍虞、赖少其、陶白、戎戈赠送的书画翻捡出来，慷慨转赠给瞿秋白纪念馆。著名木刻家戎戈的版画《秋菊傲霜》，取自瞿秋白的作品《白菊花》而创作的。丁景唐将此作品转送时，特地挥毫题词："寒凝大地，秋菊傲霜，耿耿丹心，永世留芳。"

郭绍虞先生是著名的学者、书法家。瞿秋白1920年第一次赴苏俄，郭绍虞曾送一首诗："君说思潮如壅水，我因君去比流星。迷芳壅水幸归海，不及星光照汗青。"郭绍虞89岁高龄那年，听说丁景唐潜心研究瞿秋白，便将此诗重新书写赠送给他。丁景唐把郭绍虞的这幅珍贵的遗作一并转赠给纪念馆，可谓慷慨献宝，其心可佩。这幅字曾挂在故居里瞿秋白书房的门壁上，甚为醒目。

如今这些书画大家绝大多数已不在人世，他们留下的精美作品，连同他们对瞿秋白烈士的真挚感情，一起珍藏在纪念馆里，这是一份珍贵的历史文物。

《人民日报》原副总编辑、著名作家梁衡先生曾经三次来到瞿秋白纪念馆。从1990年第一次看到那个黑旧的房舍（瞿氏宗祠），他就想写篇文章。但是六个年头过去了，还是没有写出。他感觉瞿秋白实在是一个谜，他太博大、深邃，让人看不清、摸不透，无从写起但又放不下笔。他短短的一生仿佛一幅永远读不透的名画。

瞿秋白故居前原有一条小河，叫觅渡河。一听这名字梁衡就心中一惊：觅渡，觅渡，渡在何处？瞿秋白是以职业革命家自许的，但从这个渡口出发并没有让他走出一条路。八七会议他受命于白色恐怖之中，以一副柔弱的书生之肩，挑起了统帅全党的重担，发出武装斗争的吼声。但是他随即被王明，被自己人一巴掌打倒。后来在长征时又借口他有病，他不能北上。之后，他先是仔细地独白，然后就去从容就义。

梁衡又想——如果瞿秋白的骨头像他的身体一样的柔弱，他一被捕就招供认罪，那么历史也早就忘了他。如果瞿秋白就这样高呼口号为革命献身，人们也许还不会这样长久地怀念他研究他。他偏偏在临死前又抢着写了一篇《多余的话》，这在一般人看来真是多余。他在监狱中从容斗敌，最后英勇就义，这是一个多么完整的句号。但是他不肯，他觉得自己实在藐小，实在愧对党的领袖这个称号，于是用解剖刀，将自己的灵魂仔仔细细地剖析了一遍。这又是一种惊人的平静。他不但解剖了自己的灵魂,在《多余的话》里还嘱咐死后请解剖他的尸体,因为他是一个得了多年肺病的人。这又是他的伟大,他的无私。我们可以对比一下世上有多少人都在涂脂抹粉,挖空心思地打扮自己的历史,他偏偏不这样。当后人再看他对自己的解剖时,他更是一座下临深谷的高峰,风鸣林吼,奇绝险峻,给人更多的思考。他是一个内心既纵横交错,又坦荡如一张白纸的人……

有了如此深邃的感悟,梁衡在第三次离开瞿秋白纪念馆后,一挥而就,写成了《觅渡,觅渡,渡何处》,文章后被选入中学教材,成为研究解读瞿秋白最有见地的文章之一。

周晓东1997年从部队转业到常州市委宣传部工作,有一天,他陪客人到瞿秋白纪念馆参观,时任馆长赵庚林亲自担任讲解,赵馆长声情并茂地讲述瞿秋白的生平事迹,当讲到瞿秋白在上海告别妻子奔赴苏区、在瑞金开展教育、在长汀不幸被捕到最后英勇就义时,赵庚林两眼湿润,几度哽咽。周晓东当时一点思想准备都没有,站在客人旁边甚至有点不知所措。在场的人受到赵庚林情绪的感染,无人说话和走动,默默地沉浸在那种凝重的气氛中,没有一个人打扰他,等他情绪平缓下来再听他继续讲解。事情过去20多年,周晓东早已不记得所陪的客人是谁了,但他一直没有忘记赵庚林那绘声绘色的语调,那动情动容的脸庞。

赵庚林是一位戏剧导演出身的学者型人物,他早年在常州沪剧团工作,1987年,他从一个"人不识、门不识、路不识"的表演艺术家,成为瞿秋白纪念馆第一任馆长,他怀揣无限的敬意,从不懈怠地开始了瞿秋白陈列中心、信息中心、研究中心的建设,一干就是15年,纪念馆的基础可以说是他打下的,纪念馆的提升改造是在他带领下完成的,他赢得了人们的一致好评。赵庚林馆长已经退休快20年了,但是纪念馆的工作人员,外地的研究人员、专家学者,都没有忘记他。

瞿秋白故居开放初期,上级只给了两个讲解员名额,侯涤和张静成为第一批讲解员。因为接待量大,根本忙不过来,当时赵庚林还未到任,初创时期的临时负责人郝赫拿着介绍信到处借讲解员,先后借调来的李新春、赵利红、戚小卫、陈谷莺等女同志都很好地完成了任务,并锻炼了自己,回到原单位后都成为业务骨干。

张静出生在北京,普通话标准,口齿清楚,她的讲解颇受观众好评,后来她调到武进广播电台,成为节目主持人。侯涤逐渐成长为馆内核心讲解员,曾为国家领导人讲解,后接替赵庚林,成为第二任馆长。

1993年,黄明彦大学毕业,在毕业双向选择招聘会上,老师和同学们知道她选择瞿秋白纪念馆后,有些人感到不理解,毕竟以她的学历和素质,找一份时尚、稳定且高薪的职业还是挺容易的,班主任一再劝她三思。因为在世人眼里,纪念馆就是一个清贫、冷落的场所,年轻人谁愿意在那种门可罗雀的地方待一辈子呢?太枯燥了。事实上,瞿秋白纪念馆当时的条件的确很差,馆内仅有的三个正式编制人员挤在一个朝北的不足十平方米的小房间办公,冬天寒风凛冽,夏天酷热难耐。但是她"头脑一热",还是去报到了。

去了之后,开始后悔。令她感到痛苦的是,这真的不

★ 瞿秋白故居

是一份自己喜欢且适应的工作，瞿秋白留下的那500多万文字，她越看越头疼，枯燥单一的终日讲解及文案工作，让她看不到任何的前途和乐趣。身边的赵庚林馆长呢？却是那样地痴迷与敬业，生活简朴的他终日埋头书桌，编信息，编《瞿秋白研究》，与全国各地专家学者写信交流，几年没见他有过休息日，逢人就谈瞿秋白精神与纪念馆建设，那激昂的神态语气在她看来，总有些堂吉诃德的味道。

她有了离开的想法，而且一日甚于一日。突然有一天，她讲解时，看到有一些观众流泪——她打动了他们。她不觉心头一热，这种情况以前常有，只是自己没太留意罢了。而此刻，她的心突然变得很温暖、很激动，自己也忍不住眼泪汪汪……她开始牵挂、留恋这个闹市中的僻静之地，她想：就先端着这个饭碗吧。

此后除了日常的讲解，她跟着赵馆长，发送研究信息、编写研究索引，参与瞿秋白铜像捐款事项、瞿秋白100周年诞辰纪念活动等，忙得团团转。在这个过程中，她一点点领悟到瞿秋白精神，慢慢理解了赵馆长的投入与坚守，明白了要把一个门可罗雀的小纪念馆做大做好的不易；也终于明白，在这个世界上，总有一些人肩负着责任与使命走在自己特立独行的梦想中，他们的坚守与努力会将一些奇特的种子撒在每一个被他们影响的人的心里，并在不经意间，改变了周围人的命运，而一个人曾经的迷惘与困惑，也会成为他人生中宝贵的精神财富。

黄明彦觉得她从瞿秋白身上，从身边的赵馆长身上，领悟到人生的真谛。她在纪念馆扎下根来，一干就是九年，直到上级把她调到张太雷纪念馆担任馆长。从瞿秋白纪念馆到张太雷纪念馆，她的心中已经没有什么障碍，唯有继续坚守与努力。目前她是常州三杰纪念馆（市名人故居管理中心）馆长、书记，致力常州三杰（瞿秋白、张太雷、恽代英）红色品牌的打造与精神传承工作。

在馆多年，她有一个体会：瞿秋白、张太雷、恽代英这三个名字，对于社会上不少人来说，只是个符号，人们知道的是，他们是常州三杰，是革命烈士，除此之外，也许不会再有太多感受了。可是对于他们这些长期从事纪念文化传播与研究的人而言，先烈的事迹与精神真的让人领悟到很多很多。那是什么呢？是信仰，是忠诚，是勇气，是热血，是对一个民族最深沉的责任感，是对一个国家最执着的爱！

黄明彦的成长与感悟，是许多在馆从事纪念文化事业的人的一个缩影！

瞿秋白纪念馆平时还招收志愿讲解员，一位名叫陈静的女大学生曾经作为志愿讲解员，在这里工作过一段时间。每到周六、周日，同学们都去逛街休闲之时，她就背上书包，带着一份虔诚与景仰之心来到纪念馆，为游客一遍遍讲述瞿秋白的生平事迹。每一次讲述都有不同的体会，她为瞿秋白先烈坎坷的一生而落泪，为他坚定的信仰和高风亮节的品质而由衷敬畏。特别是接待一批批小学生班级参观团时，她内心就会产生一种难以抑制的喜悦，因为她在和平的年代里从事着一件伟大的事情，她在尽自己的努力，让祖国的花朵认识到今天的幸福是多么来之不易！

紧邻瞿秋白故居和纪念馆的觅渡桥小学，是瞿秋白的母

★ 瞿秋白纪念馆内铜像

校，最早叫冠英小学堂，从"冠冕群英"到"觅渡超越"，这所培育出瞿秋白、冯仲云、屠岸、庄逢甘等杰出校友的小学校，已经走过178年的沧桑历史。1959年，觅渡桥小学设立瞿秋白烈士纪念室，应学校少先队员的请求，刘少奇、董必武、宋庆龄、茅盾、陆定一等领导人分别为觅小题词，激励师生发扬瞿秋白精神，做党的好孩子。

瞿秋白精神滋养着一代又一代觅小师生，弘扬瞿秋白精神已积淀为觅小的一种文化特质，一种价值追求。从1985年瞿秋白故居对外开放起，觅小就成立了瞿秋白讲解团，全部由少先队员出任，定期为游客们做现场讲解。孩子们声情并茂，大方得体，大受游客的欢迎。小讲解员们曾经为中央领导人做过讲解。30多年来，瞿秋白故事在一代又一代觅小孩子们口中传播，在一代又一代觅小孩子们心中扎根。

1999年1月18日，对瞿秋白研究有深厚感情的温济泽老人坐着轮椅赴常州参加瞿秋白纪念馆全面整修竣工仪式，赵庚林馆长请觅小三年级的小讲解员为其讲解。听着小朋友充满稚气的深情讲述，温济泽激动地流下热泪。他说："瞿秋白精神后继有人了！"

主要参考书目

1.《鲁迅回忆录》，许广平著，作家出版社，1961年版。

2.《忆秋白》，《忆秋白》编辑小组编，人民文学出版社，1981年版。

3.《丁玲文集》（第五卷），丁玲著，湖南人民出版社，1984年版。

4.《瞿秋白文学评传》，王铁仙著，百花文艺出版社，1987年版。

5.《瞿秋白研究》第11、13、17册，瞿秋白纪念馆编，1991年版。

6.《瞿秋白传》，陈铁健著，红旗出版社，2009年版。

7.《解密档案中的瞿秋白》，张秋实著，东方出版社，2011年版。

8.《瞿秋白与名人往事》，中共上海市普陀区委党史研究室编著，中国社会出版社，2012年版。

9.《瞿秋白》，葛军编著，北京工业大学出版社，2012年版。

10.《瞿秋白与共产国际代表》，丁言模著，中国社会出版社，2014年版。

11.《瞿秋白传》，卫华、化夷著，湖南人民出版社，2014年版。

12.《瞿秋白纪念馆三十年》，瞿秋白纪念馆编，南京大学出版社，2015年版。

13.《秋之白华》，瞿独伊、李晓云编注，人民文学出版社，2018年版。

14.《痕迹》，胡仰曦著，人民文学出版社，2019年版。

15.《漫漫求索路——瞿秋白》，阎耀明著，希望出版社，2019年版。

16.《瞿秋白》，张树军著，学习出版社，2019年版。

17.《知己：瞿秋白与鲁迅》，董利荣著，浙江文艺出版社，2020年版。

18.《对瞿秋白"左"倾盲动主义的回忆与研究》，李维汉著，《中国社会科学》，1983年第3期。

图书在版编目（CIP）数据

瞿秋白：江南第一燕 / 姚杜纯子，陶纯著. —北京：中国青年出版社，2024.1
　ISBN 978-7-5153-7184-9

Ⅰ.①瞿⋯　Ⅱ.①姚⋯②陶⋯　Ⅲ.①瞿秋白（1899-1935）-生平事迹　Ⅳ.①K827=6

中国国家版本馆CIP数据核字（2024）第002054号

本书得到瞿秋白同志纪念馆（江苏常州）等支持，特此致谢！

瞿秋白：江南第一燕
作　　者：姚杜纯子　陶纯

责任编辑：岳虹
书籍设计：瞿中华
出版发行：中国青年出版社
社　　址：北京市东城区东四十二条21号
网　　址：www.cyp.com.cn
编辑中心：010-57350401
营销中心：010-57350370
经　　销：新华书店
印　　刷：三河市君旺印务有限公司
规　　格：880mm×1230mm　1/32
印　　张：6.625
字　　数：133千字
版　　次：2024年1月北京第1版
印　　次：2024年1月河北第1次印刷
定　　价：27.00元

本图书如有印装质量问题，请凭购书发票与质检部联系调换。联系电话：010-57350337